하나님에 관한 질문

하나님에 관한 질문

- 초판 1쇄 발행 2019년 4월 26일
- 초판 2쇄 발행 2023년 9월 15일

- 지은이 박명룡
- 펴낸이 조유선
- 펴낸곳 누가출판사

- 등록번호 제315-2013-000030호
- 등록일자 2013. 5. 7.
- 주소 서울특별시 강서구 공항대로 59다길 276 (염창동)
- 전화 02-826-8802 팩스 02-6455-8805

- 정가 13,000원
- ISBN 979-11-85677-33-0 03230

*파본은 교환해 드립니다.
*이 출판물은 저작권법에 의해 보호를 받는 저작물이므로 무단 복제할 수 없습니다.
*독자의 의견을 기다립니다.
*sunvision1@hanmail.net

생각하는
기독교 1

우주에 대한 과학적 질문과 종교적 질문

중력의 법칙이 우주를 창조할 수 있는가?

하나님은 불완전가, 만능인가?

우주는 왜 미세조정되어 있는가?

왜 수많은 별을 만드셨는가?

하나님은 누가 만들었는가?

다중우주가 우주를 스스로 만들었는가?

박명룡 지음

하나님에 관한 질문

하나님 존재에 대한
지성적인 확신을 갖도록
명쾌한 해답을 주는 책!!!

추천사

21세기 목회의 새로운 가능성

연전에 박명룡 목사가 국민일보에 신앙칼럼 〈기독교, 안티에 답한다〉를 연재할 때, 매회 그의 원고를 읽으면서 "한국에 또 한 사람의 새로운 목회자가 등장하는구나!"하는 신선한 충격을 받은 적이 있다. 온라인 소통이 일상화되면서부터 한국에는 자기와 다른 생각을 가진 사람에게는 짙은 반감을 드러내는 것이 일상화되었는데, 횡행하는 기독교에 대한 무조건적인 배타(排他) 앞에서 박 목사는 기독교신학만이 아니라 비교신학과 사상사에 대한 지식과 과학적 이해를 바탕으로 기독교의 본질을 논리정연하고 말끔하게 정리하고 있었기 때문이다. 새로운 필자를 발견하는 것은 언론의 영원한 숙제이자 기쁨이다.

이번 저작 『하나님에 관한 질문』에는 그런 특징이 더욱 잘 드러나 있다. 얼핏 보면 이 책은 분량이 적다. 그러나 기독교의 본질과 하나님의 속성을 이야기하기 위해서는 반드시 필요한 주요 주제들을 모두 다루면서도 쉽고도 간단하게 설명하고 있다. 분량이 적다고 해서 간단한 저작은 결코 아니다. 자세히 보면 이 책은 방대한 체계를 지니고 있으며, 관련 분야 세계 석학들의 주요 이론을 촘촘하게 맞물리며 기독교가 얼마나 합리적이고 지성적인 종교인지를 논증해 내고 있다.

그럼에도 이토록 알기 쉽게 이야기하고 있다는 사실은 매우 주목해야 할 것이라고 생각된다. 어려운 주제를 우회하거나 생략하지 않고, 정면으로 다루면서 그것을 쉽게 표현할 수 있는 사람은 드물다. 더구나 신학과 같이 난해한 주제를 "믿으면 차차 이해하게 됩니다."하는 식의 미진한 논리가 아니라, 그 시작부터 끝까지를 빠짐없이 천착하면서 명징하게 답을 이끌어내는 사람은 한참 더 드물다. 박 목사의 설명은 식탁에서 아빠가 아이들에게 들려주는 이야기처럼 쉽고 분명하다. 어려운 주제를 쉽게 이야기 할 수 있다는 것이 의미하는 것은 무엇일까. 그만큼 공력이 높다는 것이 아니겠는가.

과학과 정보통신의 발달로 날마다 새로운 것이 등장하는 21세기의 삶은 변화의 폭이 크고 예상하기 어려워서 누구에게나 쉽지 않다. 많은 한국교회들이 과거의 열정이 사라진 자리에 논란이 들어차는 시대적 상실과 변화에 힘겨워하고 있다. 이런 때일수록 신선한 광야의 목소리가 필요하다. 그러나 시대의 흐름을 잡는 목소리를 내기는 쉽지 않다. 어떻게, 무슨 내용으로 시대와 함께 하는 목소리를 낼 수 있을 것인가. 박 목사는 이 책의 서두에서 "존재의 성질과 존재방식에 따라 각기 다른 존재 증명 방법이 요구된다."고 밝혔다. 바로 이 점이 그 답이 아닐까 한다. 신학과 과학, 철학과 현실, 그리고 인간에 대한 연민을 가득 담아서 하나님을 설명할 수 있어야 할 것이다. 더불어, 그 안에 들어있는 영성을 이야기하지 않을 수 없다.

영성이 겸손함으로 드러난다고 하면 틀린 말일까. 그가 미국에서 귀국한 이후 시무했던 교회마다 교우들이 늘어났다는 것은 위의 사실들을 방증한 한국교회의 소중한 자산이라고 말하고 싶다.

임순만 장로 | 언론인, 전 국민일보 편집인 · 편집국장

기독교 변증학을 전공한 저자의 경험과 설명은 기독교 신앙을 지성적인 이유로 거부하는 이들에게 매우 큰 도전을 줄 뿐만 아니라, 교회 안에서도 하나님의 존재에 대해 지적 의문을 품고 있는 이들에게 지성적 확신을 심어 줄 것이다. 하나님 존재에 대한 지성적 확신을 갖기 원하는 모든 분들에게 일독을 적극 권한다.

장순흥 총장 | 한동대학교

목회자이면서 기독교변증가인 저자는 지성적 영성에 대한 일관된 신념을 가지고 목회와 저술 활동을 하고 있다. 저자는 이 책에서 현대인들이 기독교의 하나님과 창조신앙에 대해 던지는 여러 의문들에 대해 체계적인 답변을 제시하고 있다. 특별히 무신론과 진화론의 영향이 강한 이 시대에 다음세대를 가르치는 교사들과 청년들에게 이 책을 강력하게 추천한다.

김기호 교수 | 한동대학교

창세기 1장 1절은 기독교 신앙을 변증하는 출발점이다. "태초에 하나님이 천지를 창조하시니라." 이 구절은 세 가지를 선언한다. 존재하는 모든 것에는 시작이 있다. 존재하는 모든 것은 만들어졌다. 그것을 만드신 분이 하나님이시다. 박명룡 목사님의 기독교 변증은 하나님이 존재하신다는 것에서 시작하여 우리에게 찾아오신 예수 그리스도로 마친다. 정체된 한국 교회의 복음 전도를 위한 멋진 대안이다.

지형은 목사 | 성락성결교회 담임, 남북나눔 이사장

종교에 대한 근거 없는 적대감을 드러내는 무신론 철학과 과학이 대중을 호도하는 이 시대에 하나님의 존재와 생명의 기원 그리고 이 세상 악, 고난과 죽음에 대한 객관적이고 논리적인 추론을 하기가 쉽지 않다. 한편으로는 이 근원적인 질문들에 대해 고민하는 기독교인에게도 논리적인 답변을 제시하는 기회나 관련 저서 또한 많지 않다.

기독교 변증학과 목회학을 전공하고 목회 경험을 통해서 저자는 신존재 증명과 우주와 생명의 지적설계자 그리고 인격적인 하나님에 대한 근원적인 질문들에 대해서 쉽고 설득력 있는 변증학적 답변을 제시한다. 특별히 다양한 질문들에 대해서 전문 연구자들의 견해들을 비교하면서, 물질에 의한 우주와 생명의 기원을 받아들이는 것이 우주와 생명의 창조자인 기독교 하나님을 받아들이는 것보다 더 큰 믿음이 필요함을 알게 해준다.

저자는 이러한 변증학적 질문과 답변을 마치면서, 최종적으로 이 우주 만물의 창조주이신 하나님이 우리를 사랑하시어 예수 그리스도를 통하여 영원한 생명을 주시는 분임이라고 결론 맺는다. 본 책은 무신론자 및 유신론자 모두를 포함한 일반 대중에 꼭 필요한 책이라고 생각하며 적극 추천한다.

이승엽 교수 | 서강대학교 기계공학과/융합의생명공학과, 지적설계연구회 회장

놀라운 속도로 발전하는 현대 과학 기술 속에서 살다 보니, 불문곡직不問曲直 반대하는 안티들뿐만 아니라, 기독교적 의식과 지식이 있는 동료들 중에서도 성경적 사실들을 과학적 관점에서 설명하면 큰 낭패를 볼 것처럼 금기시하는 이들이 많다. 이 책은 무신론적 현대 과학이 밝힌 우주와 물질, 생명 세계의 신비들이 역설적으로 하나님의 창조 질서를 분명하게 나타내고 있음을 논리와 준거로 잘 설명하여 창조주 하나님을 지성으로 만나게 하는 참 좋은 안내서이다. 이 책을 통해서 창조주 하나님을 믿는 것이 얼마나 합당한 믿음인가를 확신하게 될 것이다. 기독교 신앙에 대해 지성적 의문을 가진 젊은이들에게 강력히 추천한다.

유연석 교수 | 청주대학교 이공대학 레이저광정보공학과

아직도 포스트모던 사상이 한창인 이 시대에, 기독교 신앙은 여러 방면으로 도전을 받고 있다. 특히 기독교 신앙의 핵심인 창조주 하나님의 존재에 대한 무신론자들의 도전이 만만치 않다. 그 대표적인 예가, 리처드 도킨스가 쓴 책, 「만들어진 신」이다. 이 책에서 도킨스는 '만약 창조주가 세상을 만들었다면 그 창조주는 누가 만들었는가?'라는 의문을 제기한다. 이 질문에 기독교가 대답할 수 없기 때문에 자신은 기독교 신앙을 받아들일 수 없다고 말한다. 이러한 새로운 무신론자의 도전에 대해, 박명룡 목사님이 쓴 이 책은 명쾌한 답변을 제시하고 있다. 이 책을 통해 기독교 신앙에 의문을 품고 있는 지성인들이 하나님 존재에 대한 명확한 이해를 얻을 수 있을 것이다. 이 책은 기독교인뿐만 아니라, 비기독교인도 한번쯤 읽어볼 충분한 가치가 있다. 특히 젊은 크리스천들이 함께 읽으며 토론한다면 영적 성장에 큰 도움이 되리라 믿는다.

박경순 교수 | 서울신학대학교 기독교교육과

엘리야는 바알의 무리들과 함께 갈멜산에서 "신증명대회"를 열었다. 불로 응답하는 신이 참 신이라는 초자연적인 역사를 통하여 하나님의 살아계심을 증명하였다. 이제 지성적인 것을 추구하고, 질문을 중시하는 우리의 시대에는 하나님을 증명하고 복음을 변증하는데 새로운 방식이 필요하다. 박명룡 목사가 시도하는 지성적인 기독교는 새로운 시대에 적합한 전도 방식이며 복음 선포다.

이 책은 이미 믿는 자들에게는 믿음의 지성적인 토대를 세워주고 믿는 바를 설명할 수 있는 사람이 되게 하며, 역으로 이성적인 질문을 가지고 있었던 사람에게는 믿음에 도달할 수 있도록 안내자 역할을 한다. 지성적인 세대에 영성적인 토대를 세우는 쉽고도 깊이 있는 책을 청년, 자녀 세대와 지성적인 목마름이 있는 모든 분들에게 강력하게 추천하는 바이다.

한기채 목사 | 중앙성결교회 담임, 전 서울신학대학교 교수, 철학박사

차례

추천사 • 4

이 책을 읽는 분께 • 12

들어가는 말_ 하나님을 보여 달라! • 15

제1장_ 우주를 보면 하나님을 알 수 있다 • 21

제2장_ 생명체에 하나님의 지문이 새겨져 있다 • 39

제3장_ NO 하나님, NO 도덕성 • 61

제4장_ 창조주가 기독교의 하나님인가? • 81

제5장_ 하나님이 계시는데 왜 악이 존재하는가? • 101

제6장_ 죽음 이후의 삶이 있는가? • 117

나가는 말_ 하나님과의 사귐이 행복이다 • 134

부록_ 우주와 하나님에 관한 일곱 가지 질문 • 141

질문 1 우주는 왜 미세조정 fine-tuning 되어 있는가? • 143

질문 2 중력의 법칙이 우주를 창조할 수 있는가? • 147

질문 3 왜 수많은 별을 만드셨는가? • 150

질문 4 다중우주 Multiverse 가 우주를 스스로 만들었는가? • 153

질문 5 우주에 대한 과학적 질문과 종교적 질문 • 159

질문 6 하나님은 물질인가, 인격인가? • 162

질문 7 하나님은 누가 만들었는가? • 165

주 • 169

이 책을 읽는 분께

"목사님, 이렇게도 기독교를 믿을 수 있네요!
하나님이 계시다는 사실이 머리로도 믿어집니다."

어느 청년이 필자로부터 기독교변증 강의를 들은 후에 한 말이다. 그 청년은 모태 신앙인으로서 어릴 때부터 부모님의 손에 이끌려 교회를 다녔지만, 기독교 신앙에 대한 이성적인 확신이 없었다고 한다. 그래서 늘 교회 다니는 것이 부담스러웠고, 예배에 자주 빠지기도 하였으며, 심지어 그의 부모님이 열심히 신앙 생활하는 것을 비웃기까지 했다고 한다. 필자는 그 청년에게 나와 함께 만나서 기독교 신앙에 대한 궁금증을 풀어보자고 제안하였다. 불과 몇 번의 만남을 통해 그 청년은 기독교 신앙에 대한 확신을 가지게 되었으며, 주일 예배에 열심히 참석하는 변화를 보이게 되었다. 그 청년의 가족은 아들의 변화로 인해 하나님께 감사하며 기쁨으로 주님을 섬기고 있다.

어떻게 하면 위 청년과 같은 변화를 경험할 수 있겠는가? 우리는 어떻게 기독교 신앙에 대한 지성적인 확신을 가질 수 있는가? 어떻게 가르치면 기독교 신앙에 온전히 헌신할 수 있겠는가?

필자는 오랫동안 불신자들이나 명목상 기독교 신자들을 대상으로 복음을 전하면서 깨달은 것이 있다. 그것은 지성인들이 복음을 받아들이게끔 하기 위해서는 '하나님의 존재하심'에 대해 먼저 설득시켜야 한다는 것이다. 대개 많은 목회자들이 예수 그리스도의 복음을 증거 하기 위하여 예수님의 유일성과 예수님의 하나님 되심을 먼저 증거 하고자 한다. 하지만 필자의 경험에 의하면, 예수님이 하나님의 아들이심을 먼저 증거 했을 경우 많은 저항에 부딪히게 되었고, 더욱 많은 노력을 쏟아야만 했다. 그러나 불신자에게 하나님의 존재하심에 대하여 설득력 있게 논증하고, 그가 하나님의 존재를 인정하게 되었을 때, 예수님의 복음을 전하면, 기독교 복음을 비교적 쉽게 받아들인다는 것을 알게 되었다. 그래서 필자는 불신자가 복음을 받아들이는 첫 번째 관문은 하나님의 존재에 대한 지성적 확신이 있는가? 없는가에 달렸다고 생각한다.

따라서 이 책은 하나님의 존재하심에 대한 의문을 가지고 있는 지성인에게 하나님 존재에 대한 지성적 확신을 갖는데 큰 도움이 될 것이라고 믿는다. 기독교 신앙은 이 세상에 존재하는 모든 종교들 중에서 가장 합리적인 신앙 체계를 갖추고 있다. 기독교 신앙은 그냥 믿어도 진리이지만 따지고 믿어도 진리이다. 이 책을 통해, 하나님을 더욱 깊이 알아가는 계기가 되길 기대해 본다.

　끝으로, 이 책을 기쁜 마음으로 추천해 주신 한동대학교 장순흥 총장님, 국민일보 편집인을 역임한 임순만 장로님, 서강대학교 이승엽 교수님, 청주대학교 유연석 교수님, 서울신학대학교 박경순 교수님, 한동대학교 김기호 교수님께 깊은 감사를 드린다. 또한 이 책을 적극적으로 추천해 주신 중앙성결교회 한기채 목사님, 성락성결교회 지형은 목사님께 머리 숙여 감사드린다. 이 책의 내용을 알기 쉬운 그림으로 이해를 도운 문상일 목사님과 글의 향상을 위해 실질적인 도움을 준 큰나무교회 원주선 실장님, 오진이 권사님께 특별한 감사를 드린다. 또한 부족한 사람이 목회를 잘 할 수 있도록 돕고 힘이 되어 주는 청주서문교회 장로님들과 성도님들께 심심한 감사의 말씀을 드린다. 이 책이 출간될 수 있도록 기꺼이 도와주신 누가출판사 정종현 목사님께 감사드린다. 그리고 언제나 나의 곁에서 힘이 되고 아낌없는 격려를 보내 주는 사랑하는 아내, 김경원과 지훈이, 지은이에게 감사의 마음을 전한다. 이 모든 감사의 마음을 모아 우리를 사랑하는 창조주 하나님께 감사와 영광을 올려 드린다.

들어가는 말

하나님을
보여 달라!

사람들은 이런 질문과 요구를 자주한다. "하나님이 어디에 있어요?" "하나님을 보여 주면 믿겠습니다!" 사람들은 하나님의 존재에 대해 눈으로 확인할 수 있는 증거를 원한다. 로드리고 두테르테 필리핀 대통령은 자국 언론과의 인터뷰에서 이런 말을 하였다. "누구든지 신과 함께 찍은 사진이나 셀카로 신을 볼 수 있고, 신과 대화할 수 있다는 것을 입증한다면 즉시 대통령직에서 물러날 것"[1]이라고 말했다. 하나님을 보여 주면 믿겠다고 말하는 전형적인 요구이다.

하지만 세상에는 눈에 보이는 것만 존재하는 것이 아니다. 보이는 것과 보이지 않는 것이 함께 존재하는 곳이 세상이다. 이 세상에 존재하는 것에는 5감각(five senses)으로 알 수 있는 것이 있다. 보고, 듣고, 느끼고, 냄새 맡고, 맛보는 것으로 사물을 파악할 수 있다. 이렇게 5감각으로 지각할 수 있는 것이 있는 반면에, 5감각으로는 알 수 없지만 분명히 존재하고 있는 것들이 있다. 예를 들어 전파는 눈에 보이지 않지만 존재한다. 수신기만 있으면 그 존재를 간단히 알 수 있다. 공기도 보이지 않고 냄새조차 맡을 수 없지만 분명히 존재한다. 심지어 눈에 보이는 물체조차도 보이지 않는 것으로 구성되어 있다. 물은 눈에 보인다. 촉촉하고, 매끈하고, 찰랑찰랑하고, 마시면 시원함을 느끼게 하는 등이 물의 특성이다. 그런데 물은 보이지 않는 것으로 구성되어 있다. 물은 H_2O이다. 보이지 않는 수소 두 개와 산소 하나가 일정한 법칙에 따라 결합되면 눈에 보이는 물이 된다. 이처럼 눈에 보이는 것도 보이지 않는 것으로 구성되어 있다.

보이지 않지만 존재하는 것들이 또 있다. 가치 체계와 도덕성, 마음과 이성 그리고 사상들도 존재한다. 1980년대, 군사독재정권에 반대하고 민주주의를 실현하기 위해서 목숨까지 아끼지 않고 헌신한 사람들이 있었다. 그들은 민주주의 가치를 실현하기 위해 자신의 삶을 헌신했다. 이처럼 민주주의 정신을 가진 사람은 민주주의 실현에 헌신하고, 공산주의 정신을 가진 사람은 공산주의를 위해서 자기의 목숨을 바친다. 눈에 보이는 물질이 인생을 좌우하는 것처럼 보이지만, 실상은 보이지 않는 사상과 생각이 인간의 삶을 지배하고 있는 것이다.

세상은 보이는 것$_{visible}$과 보이지 않는 것$_{invisible}$으로 구성되어 있다. 단지 눈에 보이지 않는다는 이유만으로 존재하지 않는다고 결론짓는 것은 매우 어리석은 생각이다. 존재의 성질과 존재 방식에 따라 각기 다른 존재 증명 방법이 요구된다.

하나님은 인간의 눈으로 볼 수 없는 영적인 존재이다. 사람의 마음과 영혼을 눈으로 볼 수 없듯이 하나님은 인간의 눈으로 볼 수 없다. 하지만 하나님을 볼 수 없다고 해서 하나님이 존재하지 않는다고 말할 수는 없다. 비록 하나님을 눈에 보여 줄 수는 없지만 하나님이 존재한다는 사실에 대한 증거는 보여줄 수 있다.

하나님의 존재하심에 대한 세 가지 견해가 있다.

첫째, 하나님은 존재한다.
둘째, 하나님은 존재하지 않는다.
셋째, 하나님이 존재하는지 존재하지 않는지 알 수 없다.

하나님의 존재에 대해서 위 세 가지 외에 다른 선택은 있을 수 없다. 이 세 가지 중에서 가장 설득력이 없는 주장은 어느 것일까? 그것은 세 번째, 하나님의 존재를 알 수 없다는 불가지론이다. 이것은 진리가 아니다. 왜냐하면 알쏭달쏭하거나 애매모호한 것은 언제나 정답이 아니기 때문이다. 예를 들어 '독도는 동해에 있는 것 같으면서도 서해에 있다.'라는 말과 '태양이 동쪽에서 뜨는 것 같기도 하면서 동시에 서쪽에서 뜨는 것 같기도 하다.'는 진술은 그 스스로 모순이며, 진리의 범주에 들 수 없다. 애매모호한 입장을 취하고 있는 불가지론은 진리의 잣대에서 벗어난다. 따라서 하나님 존재에 대한 두 가지 입장만 남는다. 하나님은 존재한다. 또는 하나님은 존재하지 않는다.

두 가지 상반된 입장 중에 과연 어느 것이 더 합리적이고 타당한 증거를 많이 보여 줄 수 있는가? 타당하며 합리적인 이유를 더 많이 제시하는 쪽이 진리에 가깝다고 볼 수 있다. 필자는 하나님이 존재하지 않는다는 주장에 대한 이유와 하나님이 존재한다는 주장에 대한 이유를 나열해 보기를 권한다. 그 다음에 과연 어느 것이 최선의 증거를 보여주는가? 또 어느 것이 합리적이고 최선의 설명을 제공하는가에 대해 살펴보기 바란다.

필자는 지금까지 제법 많은 무신론자와 회의주의자를 만났다. 그러나 그들 중에서 자신이 왜 무신론의 신념을 가지고 있는지에 대한 명확한 이유를 말하는 사람은 거의 보지 못했다. 그냥 단순히 그렇게 믿을 뿐이었다. 사실 하나님이 존재하는가, 존재하지 않는가에 대해 이성적이고 합리적으로 따져본다면, 하나님이 존재한다는 것이 매우 타당하다는 사실을 어렵지 않게 발견할 수 있다.

바라기는, 독자들이 이 책을 통하여 하나님의 존재에 대한 지성

적 확신을 갖기를 바란다. 살아계신 하나님을 알고 사귐을 갖는 계기가 되길 바란다. 그리하여 하나님이 주시는 풍성한 삶을 경험하기를 진심으로 소망한다.

제1장

우주를 보면 하나님을 알 수 있다

!

　우주는 신비롭다. 우주는 우리가 상상하는 것 이상으로 거대하다. 이렇게 신비하고 거대한 우주는 어떻게 존재하게 되었을까? 우주는 원래부터 존재했는가? 아니면 시작이 있고, 어떤 원인에 의하여 만들어졌는가? 이런 질문은 우주론에 있어서 매우 중요하다. 그런데 우주의 기원을 살피는 질문은 하나님의 존재에 대해서도 많은 것을 알려준다. 우주의 기원을 살펴봄으로써 하나님의 존재에 대해서 자세히 알 수 있다.[2]

우주는 영원한 것인가?

　필자의 아들이 다섯 살 때 이런 질문을 했다. "아빠! 하나님은 누가 만들었어요?" 갑작스런 아들의 질문에 당황했다. "응, 하나님은 누가 만들지 않고 원래부터 계셨던 분이야." 이렇게 대답했지만 어린 아이가 이해하기엔 너무 큰 질문이었다. 흥미롭게도 유명한 과학자도 어린 아이와 똑같은 질문을 하였다. 진화 생물학자로 널리 알려져 있는 리처드 도킨스 Richard Dawkins 는 『만들어진 신』에서 이런 질문을 한다. '만일 어떤 설계자가 이 세상을 만들었다면, 그 설계자는 과연 누가 설계했는가?'[3] 다시 말해서, '만약 하나님이 우주를 만들었다면 그 하나님은 누가 만들었는가?'라는 질문이다. 도킨스는 기독교가 이 질문에 대한 답을 제시할 수 없기 때문에 기독교의 하나님을 믿을 수 없다고 말한다.

사실 기독교는 하나님을 원래 계신 분으로 믿고 있다. 하나님은 누가 만든 분이 아니다. 그렇다면 기독교만 원래부터 있었던 궁극적 존재를 믿는가? 아니다. 무신론적 진화론자들에게도 '물질'이라는 전제가 있다. 그들은 물질이 원래부터 존재했고, 지금도 존재하고 있으며, 앞으로도 영원히 존재할 것이라고 주장한다. 그래서 도킨스도 물질체인 우주는 원래부터 있었고, 지금도 있고, 앞으로도 영원히 존재할 것이라고 믿고 있다. 기독교는 하나님이 원래부터 계셨다고 주장하고, 도킨스와 같은 무신론자들은 우주와 물질이 원래부터 있었다고 주장한다. 양쪽 다 전제가 있는 것이다.

그렇다면, 어느 주장이 더 믿을만한가? 물질이 궁극적인 것이며 원래부터 있었는가? 아니면 물질과 우주를 만든 하나님이 원래부터 계셨던 분인가? 우주가 궁극적 존재라면 우주는 시작도 없고 끝도 없어야 한다. 만일 우주가 영원하지 않고 시작이 있다면, 우주는 궁극적 실재가 될 수 없다. 이 경우엔 우주를 만든 지성적인 하나님이 먼저 존재해야만 한다. 과연 우주는 영원히 존재했는가? 아니면 우주를 만드신 하나님이 먼저 계셨는가? 현대 과학에 의하면 우주는 영원하지 않고, 우주는 시작도 있고 끝도 있다. 그렇다면 우주가 영원하지 않다는 증거는 무엇인가?

우주는 시작이 있다 : 빅뱅이론

희랍 철학자 아리스토텔레스는 우주는 시작도 없고 끝도 없이 영원하다고 생각하였다. 이러한 아리스토텔레스의 물리학은 계속해서 후대에 영향을 끼쳐왔다. 1920년대 중반까지만 해도 모든 과학자들은 우주가 정체된 상태로 존재하며, 시작도 없고 끝도 없다고 생각했다.

그러나 우주가 영원하다는 생각은 현대의 과학적 증거들에 의해 산산이 부서졌다. 1929년 천문학자 에드윈 허블은 우주 관측을 통해 우주가 정체된 것이 아니라 팽창하고 있음을 알게 되었다. 여기서 발전된 이론이 소위 '빅뱅 이론'The Big Bang Theory이다.[4] 빅뱅 이론에 의하면 오래 전에 우주에 대폭발이 있었고, 그 폭발에 의해 우주가 생성되었다고 한다. 그리고 우주는 지금도 계속 팽창하고 있다고 한다. 허블은 우주 망원경을 통하여 적색편이 the red shift 현상을 발견하게 되었다. 멀어져가는 별빛의 스펙트럼은 파장이 긴 붉은 쪽으로 가까이가고, 다가오는 빛은 파장이 짧은 청색 쪽으로 쏠리는데, 실제 우주에서 관찰된 별빛은 붉은색으로 기울어져 있어서(적색편이) 우주가 팽창하고 있다는 사실을 발견하게 된 것이다.

풍선 표면에 작은 단추들을 붙여놓고 풍선을 불었다고 생각해 보자. 풍선이 부풀어 오르면서 단추들 사이의 간격도 커지고 서로 멀어지게 될 것이다. 이와 같은 모양으로 우주의 별들이 우주의 중심으로부터 바깥 모든 방향을 향해서 일정하게 팽창하고 있는 것이다. 1992년 미국 나사$_{NASA}$의 코비$_{COBE}$ 위성이 우주 배경복사를 카메라로 촬영했다. 이것을 소위 '빅뱅 잔물결'이라고 부른다. 이러한 과학적 증거들은 우주에 빅뱅이 있었다는 사실을 확실하게 말해주고 있다.

그렇다면 우주의 대폭발, 빅뱅이 우리에게 말해주는 것은 무엇인가? 그것은 우주가 정체된 상태로 있는 것이 아니라 계속 팽창하고 있다는 사실이다. 팽창하는 우주를 비디오카메라에 담아 그 필름을 거꾸로 돌려본다면 우주는 점점 줄어들 것이고, 언젠가는 아주 작은 점이 되거나, 그 점마저 사라지는 시점에 이르게 될 것이다. 그래서 빅뱅은 과거 언젠가에 우주가 시작된 시점이 있다는 사실을 우리에게 알려주고 있다.

이러한 사실에 대해 천체 물리학자 스티븐 호킹은 이렇게 말한다. "거의 모든 사람들은 지금 우주와 시간 자체는 빅뱅이 일어났을 때 시작점을 가진다고 믿고 있다."[5] 호킹의 증언대로 빅뱅은 우주의 시작이 있음을 증거하고 있다. 이러한 과학적 증거를 통해서 우주는 영원하지 않으며, 과거에 반드시 시작점이 있다는 사실을 확인할 수 있다.

우주는 종말이 있다 : 열역학 제2법칙

우주는 시작이 있을 뿐만 아니라 끝도 있다. 우주는 영원하지 않고 우주에는 종말이 있다. 우주 종말에 대한 과학적 증거는 열역학 제2법칙이다.[6] 열역학 제2법칙에 의하면, 우주 안에서는 엔트로피 즉 사용 불가능한 에너지가 증가하고 있다고 한다. 우주는 질서에서 무질서로 변하고 있고, 유용한 에너지를 소모하면서 서서히 죽어가고 있다. 우주의 시작을 기름을 가득 채운 자동차에 비유할 수 있다. 자동차가 움직일수록 기름은 줄어들어 결국 바닥나듯이, 시간이 지남에 따라 우주도 에너지를 모두 소모하고 무질서 상태로 죽어가게 된다.

물리학자 폴 데이비스~Paul Davies~는 우주의 죽음에 대해 이렇게 말했다. "태양과 별들은 영원히 지속적으로 탈 수는 없다. 금방 또는 나중에 그들은 연료를 다 태우고 죽게 될 것이다. 그 한 예가 소위 열역학 제2법칙이다. 이 법칙은 전 우주에 적용된다. 비록 아직 최후의 상태까지 이르지는 않았지만 그 법칙은 우주가 무한히 계속해서 존재할 수 없다는 것을 말해 준다."[7] 이 말은 우주가 영원하지 않고 끝이 있다는 사실을 말해주고 있다.

빅뱅이나 열역학 제2법칙과 같은 과학적 사실이 우리에게 무엇을 알려주고 있는가? 우주는 시작이 있었고, 또 종말이 있다는 것이다. 우주는 영원하지 않다.

누가, 무엇이 우주를 만들었는가?

지금까지 우리는 우주가 영원하지 않고, 우주에는 시작이 있었고 끝도 있다는 사실에 대해서 살펴보았다. 우주가 대폭발에 의해 생겨났을 때, 원래부터 존재했던 어떤 물질 덩이로부터 폭발했을까? 아니면 아무것도 없는 무(無)로부터 폭발이 일어났을까?

우주는 무로부터 창조되었다.

흥미롭게도 현대 과학자들은 우주의 대폭발이 아무것도 없는 무無로부터 일어났다고 주장한다. 스티븐 호킹Stephen Hawking은 그의 책 『시간과 공간에 관하여』에서 "우주의 탄생은 무無로부터 나온 것으로 여겨진다. 우주는 문자 그대로 무로부터 창조되었다고 할 수 있다. 그냥 단순히 진공에서부터가 아니라 절대적으로 아무 것도 없는 무nothing로부터 나왔다고 볼 수 있다"[8]라고 말한다. 또한 천체 물리학자 존 배로우John Barrow와 프랭크 티플러Frank J. Tipler는 『인류학적 우주 원리』The Anthropic Cosmological Principle에서 다음과 같이 말한다. "바로 이 시작점에서 공간과 시간이 존재하여 나왔다. 그 시작점 이전에는 문자적으로 아무 것도 존재하지 않았다. 따라서 만약 우주가 그러한 시작점에서 기원하였다면, 우리는 진실로 무로부터의 창조를 가진다."[9]

뿐만 아니라, 현대 물리학과 천문학 분야에서 가장 뛰어난 학자들 중의 한 사람인 알렉스 빌렌킨Alex Vilenkin은 우주가 무無로부터 시작되었다고 할 때, 그 무無의 의미는 문자 그대로 아무것도 없는 무nothing를 의미한다고 말한다. 그는 강한 어조로 '무는 무일뿐이다. 어떤 물질만이 없다는 의미가 아니라, 공간도 없고 시간도 존재하지 않는 정말 아무것도 없는 상태이다'라고 강조한다.[10]

　이러한 과학자들의 주장은 우리들에게 무엇을 말해주고 있는가? 우주는 시작이 있으며, 그 시작은 아무것도 없는 무nothing로부터 이 거대한 우주가 만들어져 나왔다는 것을 말하고 있다. 만일 63빌딩이 하루아침에 갑자기 나타났다면 이 사실을 믿을 수 있는가? 서울시가 아무것도 없는데서 순식간에 나타났다면 그것을 믿을 수 있겠는가? 이성적인 사람이라면 그 주장을 믿지 못할 것이다. 그런데 우주 과학자들은 63빌딩보다 크고, 서울시와는 비교할 수 없는 이 우주가 갑자기 아무것도 없는데서 생겨났다고 주장한다. 정말 놀랍지 않는가?

궁극적 존재는 하나님이다.
지금까지 우리가 살펴본 바를 정리해 보면 다음과 같다.

첫째, 빅뱅 이론에 의하면, 우주는 시작점이 있다.
둘째, 열역학 제2법칙에 의하면, 우주는 영원하지 않고 종말이 있다.
셋째, 우주의 시작은 아무런 물질도 없었던 무로부터 시작되었다.

우주가 시작되기 전에는 아무것도 없었는데, 어떻게 거대한 우주가 생겨나게 되었는가? 과연 누가, 무엇이 우주를 만들었는가? 이 질문에 대해서 리처드 도킨스와 같은 무신론자들은 합당한 대답을 제시할 수 없다. 왜냐하면 무신론자들은 우주는 영원하다고 믿었기 때문이다. 그들은 우주는 원래부터 있었고, 앞으로도 영원히 존재할 것이라고 주장한다. 물질인 우주가 궁극적인 존재라고 주장한다. 그러나 앞에서 살펴보았듯이 우주의 시작 이전에는 아무런 물질도 존재하지 않았다. 빅뱅이전에 우주는 존재하지 않았다. 아무엇도 없는데서 이 거대한 물질체인 우주가 태어난 것이다.

그러면 우주가 시작되기 전에 아무 물질도 없었고 시간과 공간도 없었다면 과연 무엇이 이 거대하고 질서 정연한 우주를 만들었는가? 아무것도 없는 데서는 아무것도 나올 수 없다. 그렇지 않다면, 지금 이 순간에도 아무것도 없는데서 뭔가 계속해서 생겨나야만 한다. 무엇인가 궁극적인 존재가 있어야만 우주가 존재할 수 있다. 궁극적인 존재는 물질이나 우주가 될 수 없다.

그렇다면 논리적으로 생각해 볼 때, 현재의 우주가 태어나기 위해서는 반드시 물질을 초월하고 시간과 공간을 초월하면서도 물질을 만들 수 있는 지적인 존재가 필연적으로 존재해야하고, 그래야만 거대한 우주 탄생을 합리적으로 설명할 수 있다. 궁극적인 존재는 물질이 아니고, 시간과 공간에 제한을 받지 않아야 하고, 세상을 만들기로 결단해야 하는 의지적이면서도 지적인 존재여야만 한다. 그렇다면 이런 특성을 모두 가진 존재가 무엇이겠는가? 바로 그 궁극적인 존재가 창조주 하나님이다.

이와 관련하여, 미국 아마존이 선정한 과학 부분 최고의 책으로 불린 『오리진』이라는 책에서 닐 타이슨(Neil deGrasse Tyson)과 도널드 골드스미스(Donald Goldsmith)는 이렇게 주장한다. "'우주가 시작되기 전에는 무엇이 있었을까?'라는 질문에 대해서 '우주는 항상 거기 있었다'라고 대답하는 것은 만족스런 대답이라고 할 수 없다. 그러나 '신이 존재하기 전에는 무엇이 있었을까?'라는 질문에 대해 '신은 항상 존재하였다'라는 대답은 만족스러운 대답이 될 수 있을 것이다."[11] 과학자들의 주장처럼, 우주를 창조하기 전에 하나님이 먼저 계신다는 것은 매우 합리적인 생각이다.

하나님은 스스로 존재하신다

리처드 도킨스는 그의 책 『만들어진 신』에서 '만약 설계자(하나님)가 이 우주를 만들었다면 그 설계자(하나님)는 누가 만들었는가?'라고 질문하였다. 도킨스는 기독교가 이 질문에 대한 답을 제시할 수 없기 때문에 기독교의 하나님을 믿을 수 없다고 말하였다. 그러면서 도킨스는 이 세상에 우주는 원래부터 있었고, 시작도 끝도 없이 영원히 존재한다고 믿고 있다. 그의 이러한 믿음은 현대과학의 증거와는 상반된 것이다. 그러므로 도킨스의 주장은 틀렸다.

우주의 기원에 대한 설명

우주가 생기기 전에 시간이나 공간, 물질도 없었다면 과연 우주는 어떻게 생겨나게 되었는가? 우주의 기원에 대한 합당한 설명이 필요하다.

한 번도 가보지 않은 정글 속에 있다고 상상해 보자. 인간의 발길이 전혀 닿지 않은 숲에서 우연히 축구공을 발견하였다. 그 공을 보고 당신은 무슨 생각을 하겠는가? "이 공이 왜 여기에 있지?" 정글을 조금 더 가다가 이번에는 자전거를 발견했다고 하자. 그때 어떤 생각이 들겠는가? "누가 이 자전거를 여기까지 가져왔지?" 그곳에서 조금 더 가다가 저택을 발견했다고 생각해 보자. 주위를 살펴봐도 저택을 짓기 위한 길이나 어떤 흔적도 찾아볼 수 없었다. 여러분의 생각은 어떻겠는가? "원래부터 이 집은 여기에 있었어!"라고 생각할 것인가? 아니면, "왜 이 집이 여기에 있지?" "누가, 어떻게 집을 지었을까?"라고 생각하겠는가? 당연히 후자일 것이다. 사람의 발길이 닿지 않은 곳에서 발견한 저택이라 하더라도 그 집을 보고 "이것은 원래부터 이곳에 있었어." "이 집은 우연히 이곳에 있게 되었지."라고 생각하는 사람은 없을 것이다. "도대체 누가, 왜, 어떻게 이 저택을 지었을까?"라고 생각하는 것은 지극히 당연한 일이다. 존재에 대한 합당한 설명이 필요한 것이다.[12]

이처럼 공이나 자전거, 저택보다 훨씬 더 큰 우주가 현실 속에 존재하고 있다. 그렇다면 우주는 '우연히 원래부터 이곳에 있었어.'라고 생각하는 것이 합당한가? 더욱이 우주는 원래부터 존재하지 않았고, 아무것도 없었던 무(無)로부터 우주 대폭발과 함께 생겨났다는 것이 현대 과학이 알려주는 상식이다. 그렇다면 우주는 과연 '누가' 만들었으며, '왜' 만들었고, '어떻게' 여기에 존재하게 되었는가? 라는 질문은 매우 자연스러운 일이다. 우주의 기원에 대한 합당한 설명이 필요하다.

우주가 생겨나기 위해서는 우주보다 크고, 물질과 시간을 초월하면서 물질을 만들고 움직일 수 있는 지성적 존재가 반드시 필요하다. 그러한 창조주를 기독교에서는 하나님이라고 부른다. 이 세상을 하나님이 만드셨다고 믿는 것은 가장 합리적인 믿음이다.

하나님 기원에 대한 설명 요구

"만일 하나님이 우주를 만들었다면, 하나님의 존재에 대한 설명은 어떻게 할 수 있겠는가?" 이런 질문에 대해서 독일 철학자 라이프니츠$_{\text{Gottfried Wilhelm Leibniz}}$는 이 세상의 존재를 우연적 존재$_{\text{contingent being}}$와 필연적 존재$_{\text{necessary being}}$로 구분하여 실재에 대한 우리의 이해를 도와준다. 우연적 존재는 이 세상에 꼭 존재해야만 하는 것이 아니다. 우연적 존재는 유한하고 변한다. 우연적 존재는 태어날 수도 있고 태어나지 않을 수도 있다. 우연적 존재는 반드시 시작이 있고 끝도 있다. 예를 들어 '나'라는 존재는 태어났지만, 태어나지 않을 수도 있었다. 나의 부모님이 서로 만나지 못했다면 나는 존재할 수 없었다. 또 나 한 사람이 없다고 해서 이 세상이 사라지는 것도 아니다. 이런 우연적이며 유한한 존재는 그 스스로가 자신의 존재에 대한 원인이 될 수 없다. 반드시 다른 원인이 존재하게 했기 때문에 존재할 뿐이다. 이와 마찬가지로 우주도 시작이 있고 끝이 있는 우연적이고 유한한 존재이다. 우주는 필연적으로 존재하지 않고 단지 우연적으로만 존재한다. 따라서 우주라는 우연적 존재가 여기에 왜 존재하게 되었는지에 대한 합당한 설명이 필요한 것이다.

필연적 존재는 설명이 필요 없다.

필연적 존재는 이 세상에 반드시 존재해야만 하는 것이다. 필연적으로 존재해야만 하는 것은 그 자체의 본성에 의해서 반드시 존재해야만 한다. 필연적 존재는 시작도 없고 끝도 없으며, 존재하지 않는 것이 불가능하다. 따라서 필연적 존재는 그 존재에 대한 설명이 필요 없다. 논리적으로 볼 때, 우연적이며 유한한 물질체인 우주가 생성되기 위해서는 반드시 변하지 않고 무한한 필연적 존재 necessary being가 먼저 존재해야만 한다.[13] 우리는 이 필연적 존재를 창조주 하나님이라고 부를 수 있다. 필연적 존재인 하나님(시작과 끝이 없다)에 의해서 우연적 존재인 우주(시작과 끝이 있다)가 태어나게 되었다고 보는 것이 합당한 설명이다.

지성인으로서 세상을 창조한 하나님의 존재를 믿을 수 있는 좋은 이유는 너무나 많다. 따라서 모든 만물의 근원이 되시는 하나님을 믿는 것은 가장 합당한 믿음이다.

"하나님이 모세에게 이르시되 나는 스스로 있는 자이니라…" (출 3:14)

제2장

생명체에 하나님의 지문이 새겨져 있다

!

　전에 한국의 대표적 지성이며 무신론자였던 이어령 교수가 그리스도인이 되었다는 소식이 매스컴을 통해 전파된 적이 있었다. 이것은 한국 사회에 상당한 화젯거리가 되었다. 기독교에 대해 비판적 시각을 갖고 있었던 이어령 교수가 기독교인이 되었다는 것 자체가 상당한 충격이 아닐 수 없었다. 그는 딸의 암 투병과 망막 파열로 인한 실명 선고라는 암담한 상황 속에서 애절한 아버지의 심정을 담아 하나님께 간절히 기도했다. "하나님, 나의 사랑하는 딸에게서 빛을 거두어 가시지 않는다면 저의 남은 생을 주님께 바치겠나이다." 평생 처음 드려본 기도였지만 긍휼의 하나님은 그의 기도에 응답하셨고, 딸의 눈은 기적같이 치유되었다. 그가 회심하게 된 배경에 이런 기적 체험만 있는 것은 아니었다. 그의 존재론적 고독과 인생의 본질 추구에 대한 갈망이 하나님의 손길과 마주쳤기 때문일 것이다.

지난 2004년에 영국 사회가 발칵 뒤집힌 사건이 있었다. 그것은 영국을 대표하는 철학자이며 철저한 무신론자였던 안토니 플루ﾠAntony Flew가 유신론자로 돌아선 사건이었다. 플루는 지난 50년간 하나님의 존재를 철저히 부정하고 줄기차게 기독교의 교리를 부정해 왔었다. 그런데 플루가 『필로소피아 크리스티』Philosophia Christi 라는 철학 학술지와의 인터뷰에서 "나는 권능과 지성을 가진 하나님이 존재한다는 주장을 상당히 설득력 있게 생각한다"[14]는 견해를 밝혔다. 그는 지난 50년간 무신론학자로 살아왔던 자신의 입장을 완전히 바꾸어 하나님의 존재를 믿는 유신론자가 되었다. 그래서 영국 사회가 깜짝 놀랐던 것이다.

과연 플루 교수가 유신론자로 바뀐 이유는 무엇일까? 그것은 최근에 새롭게 대두된 '지적 설계' 이론의 논리적 설득력 때문이었다. 그는 이렇게 말하였다. "하나님의 존재에 관한 가장 인상적인 주장은 최근의 과학적인 발견으로 큰 지지를 받고 있는 '지적 설계'이다. 지적 설계의 논리는 내가 그것을 처음 들었을 때보다 훨씬 더 설득력 있는 힘을 발휘하고 있다."[15] 이처럼 무신론자 플루가 유신론자로 바뀐 이유는 '우주와 생명체는 그냥 우연히 만들어진 것이 아니라 지성적 존재에 의해서 매우 정교하게 설계되었다'는 지적설계의 명백한 증거 때문이었다. 사실 그의 변화는 지성적 이유 때문인 것이다.

생명체가 우연히 만들어진 것이 아니라 지성적인 존재에 의해서 지성적으로 디자인되었다는 사실에 대한 증거는 자연계에서 풍부하게 찾을 수 있다. 그렇다면, 생명체가 지성적 행위자에 의해서 지적으로 설계되어 있다는 증거는 무엇인가? 최소한 여섯 가지 증거들을 살펴볼 수 있다.

우주에는 질서가 있다

우주는 무질서하게 돌아가지 않는다. 우주는 아주 정교한 법칙과 질서에 의해서 유지되고 있다. 지구가 속한 태양계만 봐도 행성들이 한 치의 오차도 없이 정확한 질서 속에서 움직이고 있다. 지구는 자전을 한다. 하루에 한 바퀴씩 정확하게 돌아간다. 지구가 자전할 때 얼마나 빠른 속도로 돌아간다고 생각하는가? 적도를 기준으로 볼 때, 지구는 1초에 약 463미터를 돌아간다. 지구는 자전만 하는 것이 아니라 공전도 한다. 지구는 태양의 주위를 1년에 한 바퀴씩 돈다. 지구의 공전 속도는 1초에 29.8킬로미터이다. 총알의 속도는 1초에 1킬로미터를 날아간다고 한다. 그러니까 지구는 총알 속도보다 30배나 빠르게 우주를 날아가고 있는 셈이다. 지구가 자전하고 빠른 속도로 공전하는데 우리는 전혀 어지럽지 않다.

놀라운 사실은 이뿐만이 아니다. 지구가 속한 태양계와 우리은하계가 매우 빠른 속도로 우주 공간을 날아가고 있다. 우리은하계는 가만히 정지해 있는 것이 아니라, 계속해서 우주 중심으로부터 멀어지고 있는데, 1초에 수백 킬로미터의 속도로 날아가고 있다. 우리 은하계는 총알의 속도보다 약 수백 배 빠른 속도로 날아가고 있는데도 우리는 전혀 어지러움을 느끼지 않는다. 오히려 정확한 자연 질서 가운데서 생활하고 있다. 정말 신기하지 않는가?

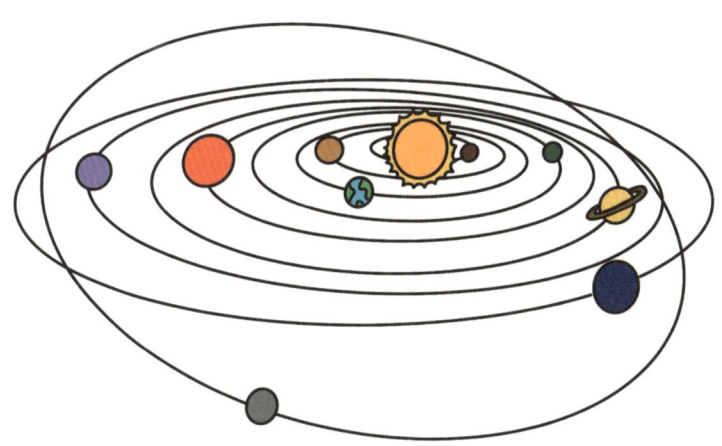

천체 물리학자들은 우주를 연구하면 연구할수록 더욱 놀라운 사실을 발견할 수 있다고 말한다. 우주가 빠른 속도로 팽창하면서도 전 우주의 중력이 놀랍도록 일정하게 유지되고 있다. 우주의 중력이 조금만 커지거나 작아져도 우주는 파괴되고, 지구엔 생명체가 살 수 없게 된다. 물리학자 폴 데이비스는 "중력이 그렇게 놀라운 정확도를 가진 알맞은 숫자인 것은 우주론에 있어 가장 신비한 일 중 하나이다"[16]라고 말했다. 뿐만 아니라 우주에는 약력, 강력, 전자기력 등이 모두 다 일정하게 작용하고 있다. 그래서 지구에 생명체가 살 수 있다. 우주에는 정교한 질서가 있다. 그런데 거대한 우주만 정교하게 만들어진 것이 아니라 아주 작은 생명체도 매우 정교하게 디자인 되어있다. 생명체가 지성적으로 디자인 되었다는 증거는 무엇인가?

생명체는 질서만 가지고 있을 뿐만 아니라 복잡성 complexity 도 가지고 있다

다윈의 진화론은 모든 생명체는 단순에서 복잡으로 진화한다고 주장하였다. 그러나 현대 생물학의 발견은 그와 정반대의 증거들을 내놓았다. 예를 들어 인간의 몸은 약 60조개의 세포로 구성되어 있다. 그 중에서 단 1개의 세포만을 떼어 내서 현미경으로 관찰해도 서울시 보다 훨씬 더 복잡한 복잡성을 발견하게 된다. 찰스 다윈의 시대에는 세포를 쪼개면 쪼갤수록 단순하리라 생각했었는데 실제로는 세포를 쪼개면 쪼갤수록 계속 복잡한 구조가 나온다. 서울시의 구조는 이미 다 알고 있지만 복잡한 세포의 구조와 기능은 아직도 다 알지 못한다. 그래서 인간의 지적 능력으로 화성에 이를 수 있는 우주선은 만들 수 있지만, 매우 단순하게 보이는 세포 하나는 만들어 낼 수 없다. 인간의 세포는 아직도 인간의 힘으로 만들 방법이 없다. 그만큼 생명체는 복잡성을 가지고 있다.[17]

생명체는 복잡성과 함께
특정성 specification 을 갖고 있다

특정성은 쉽게 말해서 설계성이라고 바꾸어 말할 수 있다. 특정성이란 어떤 사물이 구체적이고 지성적인 패턴의 특성을 갖고 있는 것을 말한다. 예컨대 통나무와 나무책상은 다르다. 나무책상은 상판과 다리가 있고 물건을 넣을 수 있는 서랍이 있다. 책상은 통나무와는 달리 저절로 만들어 질 수 없는 지성적 특성을 가지고 있다. 이처럼 생명체에도 지성적 특성이 있는데 그 대표적인 예가 바로 DNA이다. DNA는 우연히 만들어질 수 없는 지성적이고 설계된 패턴을 가지고 있다.[18]

생명체는 특정된
복잡성 specified complexity 을 가지고 있다

생명체의 신비는 복잡성과 더불어 지성적 패턴을 지닌 특정성(설계성)이 함께 나타난다는 것이다. 특정된 복잡성은 복잡하면서도 구체적인 지적 특성을 나타내기 때문에 생명체가 우연히 생겨날 수 없고, 지성적으로 설계되었다는 사실을 잘 알려주고 있다. 다시 말해서 무엇이든지 설계된 것은 특정된 복잡성이 나타나고, 특정된 복잡성이 나타나면 그것은 반드시 설계된 것을 의미한다. 예를 들어 어느 고고학자가 빗살무늬 토기를 발견했다고 생각해 보라. 그 토기는 단순한 돌덩어리와 달리 복잡성과 구체적인 지성적 패턴을 지니고 있다. 따라서 고고학자들은 이것은 인간이 만든 것이 틀림없다고 판단한다.

이와 마찬가지로 생명체에 있는 특정된 복잡성은 우연히 만들어진 것이 아니라 하나님에 의해 설계된 것을 말해 준다. 만약 강아지가 컴퓨터 자판을 친다면, 우연히 여러 가지 복잡한 것을 칠 수 있다. 또한 우연히 그 복잡한 내용 중에서 "…사랑…희망…"이라는 단어를 칠 수 있다. 하지만 강아지가 우연히 "예수께서 이르시되 내가 곧 길이요 진리요 생명이니 나로 말미암지 않고는 아버지께로 올 자가 없느니라."(요 14:6)는 말처럼 특별한 의미를 지닌 복잡한 내용을 정확하게 치기란 거의 불가능하다. 더욱이 생명체처럼 설계된 복잡성을 우연히 만들기란 불가능하다. 따라서 생명체에 존재하는 특정된 복잡성은 하나님이 생명을 설계하신 확실한 흔적이요 증거라고 볼 수 있다.[19]

생명체에는 환원할 수 없는 복잡성이 있다

환원할 수 없는 복잡성이란, 단일한 시스템에서 단 한 부분이라도 제거된다면 그 시스템의 기능이 완전히 상실되는 것을 말한다.[20] 예를 들어 쥐를 잡을 때 사용하는 쥐덫은 주로 나무 받침대, 해머, 용수철, 걸쇠 그리고 고정 막대라는 다섯 부분으로 구성되어 있는데, 만일 이 중에서 한 부분이라도 빠진다면 쥐를 잡을 수 없다. 이처럼 한 부분을 제거하면 그 시스템의 기능이 완전히 상실되는 것이 환원할 수 없는 복잡성이다. 이러한 환원할 수 없는 복잡성이 생명체에 있다. 그 대표적이 예가 박테리아의 편모이다.

박테리아 편모

　박테리아의 편모는 쥐꼬리처럼 생겼는데, 회전하는 모터가 달려 있어서 헤엄쳐 다닐 수 있다. 현대 생물학은 박테리아의 편모에 최신형 모터가 달려있다는 것을 발견했다. 이 모터는 인간이 설계한 모터와 똑같은 구조를 가지고 있으며 수만 rpm으로 회전한다. 이 모터는 약 30여개의 정교한 단백질 부품으로 이루어져 있는데, 그 부품들 중에서 단 한 개라도 빠진다면 모터의 완벽한 기능은 상실된다.[21]

　바로 이러한 환원할 수 없는 복잡성은 진화에 의해서 점차적으로 변화되어 만들 수 있는 것이 아니다. 왜냐하면 박테리아의 편모 모터는 모든 부품이 한꺼번에 정확한 위치에 자리를 잡아야 모터가 돌 수 있고, 모터가 회전해야 박테리아가 살 수 있다. 이러한 환원할 수 없는 복잡성을 가진 모터 시스템은 다윈 진화론에서 주장하듯이 작은 변이들이 계속 쌓여서 모터 시스템을 갖추고, 그 갖추어진 모터 시스템이 작동을 잘 해서 박테리아가 살게 되는 것이 아니다. 거의 모든 모터의 부품들이 정확한 순서에 의해서 정확한 위치에 거의 동시에 들어가서 완벽하게 조립되어야 편모가 회전할 수 있고, 박테리아가 살 수 있다.

환원할 수 없는 복잡성에 대해서 구체적으로 소개한 학자는 『다윈의 블랙박스』Darwin's Black Box를 쓴 생화학자 마이클 비히 Michael Behe이다. 그는 환원할 수 없는 복잡성을 쥐덫에 비유해서 설명한다. 쥐를 잡기 위해 고안된 쥐덫은 받침대, 용수철, 해머, 고정막대 그리고 덫으로 쓸 고리가 필요하다. 이 간단한 쥐덫의 부품들이 제자리에 놓이지 않으면 쥐덫의 기능을 제대로 발휘할 수 없다. 또한 이 중에 한 부품이라도 빠지게 되면 쥐를 잡지 못한다. 이처럼 한 부분을 제거하면 그 시스템의 기능이 상실되고 망가지는 것이 환원할 수 없는 복잡성이다. 이런 복잡성이 생화학 차원에서부터 생명체에 나타난다는 것이다.[22]

환원할 수 없는 복잡성의 정의를 고려해 볼 때, 박테리아의 편모에서 한 부분이라도 부족하게 되면 모터의 기능을 제대로 발휘될 수 없기 때문에 처음부터 완벽한 시스템을 갖추지 않으면 박테리아는 생존할 수 없다. 이러한 시스템은 작은 변화에 의해서 만들어질 수 있는 것이 아니다. 이것은 다윈주의에서 주장하듯이 우연히 수많은 사소한 변화들이 쌓여서 자연적으로 만들어졌다기보다는 어떤 지성적 존재가 지성적으로 설계하여 인위적으로 회전하는 모터인 박테리아의 편모를 만들었다고 보는 것이 훨씬 더 설득력이 있어 보인다. 우리의 일상생활 속에서 사용하고 있는 모터들(믹스기의 모터, 자동차 모터, 펌프의 모터 등)은 단 한 개라도 우연히 만들어진 것이 없다. 그 모든 기계들은 사람이 오랜 세월 동안 연구하고 설계하여 만든 것이다. 따라서 박테리아의 편모와 같이 생명체에 나타나는 환원할 수 없는 복잡성은 우연히 생겨났다기보다는 지성적인 하나님에 의해서 설계되어 지성적으로 만들어졌다고 보는 것이 훨씬 더 타당하다고 말할 수 있다.[23]

생명체의 DNA 안에는
복잡하고 설계된 정보가 들어있다.

인간 세포 속에 가장 복잡한 설계도가 숨겨있다. DNA는 세포핵 안에 들어있는 설계도로서 생명에 관한 정보가 들어있다. "DNA는 촘촘하게 감겨 있는 3차원의 이중나선구조로 빽빽하게 채워진 풍부한 정보를 담고 있으며 이 정보는 A(아데닌), T(티민), G(구아닌),

C(시토신)의 네 글자로 대표되는 화학적 염기들이 정확한 순서로 배열되어 암호화되어 있다."[24] DNA 안에는 생명과 유전에 관한 정보가 모두 들어있다. 따라서 'DNA를 포함하고 있는 인간의 세포에는 가장 복잡한 설계도가 숨겨있다'고 말할 수 있다.

　인간의 세포 중에서 하나를 떼 내어 관찰하면 46개의 염색체를 볼 수 있다. 이 가운데 하나의 염색체를 분석해 보면 2미터 길이의 DNA가 나온다. 30억 개가 넘는 염기들이 이중나선구조로 연결되어 있는 DNA는 매우 구체적이고 복잡한 정보들을 담고 있는데, 대략 2만 5천개의 유전자 코드가 각각의 정보를 간직한 채 유기적으로 기능하고 있다.

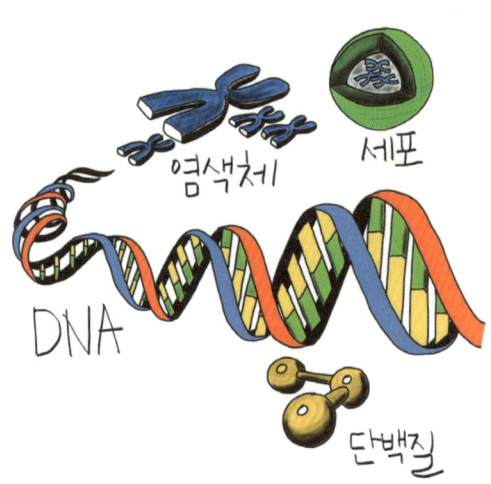

사람의 DNA 정보는 매우 복잡하고 다양하다. 세계 약 75억 인구 모두가 각기 다른 DNA를 가지고 있다. 그렇다면 우리 신체 중에서 머리카락에서 뽑은 DNA와 발톱에서 나온 DNA는 서로 같을까? 다를까? 당연히 같다. 한 사람의 몸에서 나온 DNA는 어느 부분에서 얻은 것이건 모두 동일하다. 그런데 어떻게 똑같은 유전정보를 담고 있는 DNA로부터 서로 다른 기관이 나오는 것일까? 이것은 DNA 안에는 구체적인 정보가 들어 있기 때문이다. 인간의 정자와 난자가 결합하여 초기 세포분열을 이루는 단계에서부터 DNA 안에 들어 있는 정보는 구체적인 임무를 수행한다. '너는 자라서 눈이 되고, 너는 식도가 되라. 너는 간, 쓸개, 위장과 심장이 되라. 너는 팔다리와 엉덩이와 배가 되라'는 등 모든 구체적인 정보가 그 안에 다 들어 있다. 이러한 놀라운 DNA의 특성 때문에 마이크로소프트사의 빌 게이츠는 말하기를 "DNA는 컴퓨터 프로그램과 같다. 그러나 지금까지 우리가 만들어 낸 어떠한 소프트웨어보다도 훨씬 더, 훨씬 더 진보된 것이다"[25]라고 강조하였다.

또한 리처드 도킨스는 『눈먼 시계공』에서 세포핵에는 암호화된 디지털 데이터베이스가 들어 있는데, 그 안에 담긴 정보의 양은 30권짜리 브리태니커 백과사전 전질보다 더 많거나 그보다 3배 또는 4배 정도나 된다고 주장한다. 이것은 몸의 모든 세포를 다 더한 수치가 아니라 각각의 세포에 해당하는 것이라고 말했다.[26] 이에 근거해 볼 때, 한 인간의 몸에 있는 정보는 지구상 모든 도서관의 책들보다 훨씬 더 많다고 볼 수 있다. 인간은 슈퍼컴퓨터를 만들고 화성탐사 우주선도 만들 수 있지만 가장 단순해 보이는 세포는 만들 수 없다.

DNA 정보는 누가 만들었는가?

컴퓨터 프로그램은 분명히 지적 능력을 가진 인간에 의해 만들어졌다. 그 누구도 컴퓨터가 오랜 시간에 걸쳐 저절로 만들어졌다고 말하지 않는다. 그렇다면 컴퓨터와 비교할 수 없을 정도로 정교하게 설계되어 있는 생명체의 DNA 정보는 과연 어디로부터 왔겠는가?

정보는 지성을 의미하며 지성적 활동의 산물이다. 그것은 물질적 산물이 아니다. 지금까지 물질이 정보를 만들어냈다는 과학적 증거는 전혀 없다. 오히려 지성적 존재가 정보를 생산해 내고 운영하고 발전시켜 나간다는 것은 인간의 경험적 지식이요 과학적 상식이다. 이런 의미에서 영국 케임브리지 대학 출신의 저명한 과학철학자 스티븐 C. 마이어Stephen C.Meyer 박사는 '지성이 특성화된 정보의 유일한 원인'이라고 주장한다.[27]

고고학자가 깊은 동굴에서 고대 벽화를 발견했다고 가정해 보자. 그 벽화에는 원시시대 사람이 동물을 잡는 장면과 마을 공동체가 축제를 벌이는 장면이 그려져 있다. 그림을 본 학자는 원시시대 또는 고대에 살았던 인간이 그 그림을 그렸다는 사실에 대해서 의심하지 않을 것이다. 왜냐하면 그 그림에는 우연히 아무런 원인도 없이 그려졌거나 동굴 스스로가 그렸다고 볼 수 없을 만큼 구체적인 정보가 들어있기 때문이다. 따라서 고대 동굴벽화는 지성을 가진 고대 인간이 그렸다고 믿는 것은 경험적 상식이요, 가장 합리적인 과학적 설명인 것이다.

이처럼 인간의 세포 안에는 고대 동굴 벽화와는 비교가 될 수 없는 엄청난 정보와 설계도가 들어있다. 이 설계도면에는 우연히 그려졌거나 새겨졌다고 말하기에는 너무나 복잡하고 구체적인 지성적 정보가 들어있다. 무신론자 리처드 도킨스는 그의 책『눈먼 시계공』에서 생명체의 풍부한 정보량에 대해서 이렇게 설명한다.

> 백합 꽃씨 1개 또는 도룡뇽의 정자 1개에 들어 있는 DNA는 브리태니커 백과사전 60배 분량의 정보를 저장하기에 충분한 수용능력이 있다. 원시적인 아메바라는 부당한 이름으로 불리는 어떤 원생생물의 DNA에는 브리태니커 백과사전 1,000배 만큼의 정보가 들어 있다.[28]

　이것은 고대동굴의 벽화에 들어 있는 정보와는 도저히 비교할 수 없는 정보량이다. 고대동굴에 그려진 벽화가 지성적 존재인 원시인이 그렸다는 사실을 믿을 수 있다면, 생명체 속에 새겨져 있는 DNA 정보와 설계도면은 지성적 존재가 지성적으로 고안해서 새겨 넣었다고 보는 것이 가장 자연스럽지 않겠는가? DNA 정보는 물질적인 특성이 아니기 때문에 물질에서 기원할 수 없다. 정보는 생각하는 지성적인 존재에 의해서 지적으로 정교하게 고안된 것이라고 보는 것이 합당하다.

　따라서 복잡하게 설계된 정보$_{DNA}$는 지성적인 하나님에 의해 만들어졌다고 보는 것이 가장 합리적이다. 그러므로 우주의 정교한 질서와 생명체의 지적인 특성은 지성적인 하나님께서 만드셨다고 볼 때 가장 합리적으로 설명할 수 있다.

이런 의미에서 DNA 안에 들어 있는 정보의 기원에 대해서 오랜 세월 동안 연구한 스티븐 C. 마이어는 정보의 기원에 대해서 다음과 같은 논거를 제시한다.[29]

> 전제 하나 : 철저한 조사에도 불구하고 많은 양의 특정화된 정보를 생성하는 능력을 보여주는 어떠한 물질적 원인도 발견되지 않았다.
> 전제 둘 : 지적 원인은 많은 양의 특정화된 정보를 생성하는 능력을 입증하였다.
> 결론 : 지적설계는 세포 안의 정보에 대한 최선의 그리고 인과적으로 가장 적합한 설명을 제공한다.

마이어는 어떤 물질이 세포 안에 있는 DNA 정보를 생성하였다는 증거를 발견할 수 없지만, 지성적 존재는 설계된 정보를 생산해 낼 수 있다는 사실을 입증하였음을 말해 준다. 물질은 정보를 만들 수 없지만, 지적인 존재는 언제나 정보를 만들고 전달할 수 있다. 지성이 없이는 정보를 생성할 수 없다는 것은 인간의 경험으로도 잘 알 수 있다.[30] 따라서 세포 안에 있는 정보는 지성적 존재가 만들었다고 보는 것이 가장 합당하다. 그러므로 생명체 안에 있는 복잡하고 특정화된 정보는 의지적이며 지성적인 하나님이 만들었다고 보는 것이 최선의 설명이다. 바로 이러한 지적 설계의 증거들 때문에 50년 이상을 무신론자로 살았던 영국의 안토니 플루 교수도 하나님의 존재를 인정할 수밖에 없었던 것이다.

최선의 설명 : 정보를 만든 유일한 원인은 지성적 하나님이다

지금까지 우리가 살펴본 것을 정리하면 이렇다.
첫째, 우주와 생명체에는 질서가 있다.
둘째, 생명체는 복잡성을 가지고 있다.
셋째, 생명체는 특정성을 가지고 있다.
넷째, 생명체는 특정된 복잡성을 가지고 있다.
다섯째, 생명체는 환원할 수 없는 복잡성을 가지고 있다.
여섯째, 생명체는 복잡하고 설계된 정보를 가지고 있다.

이 모든 특성들을 연결해 볼 때, 우주와 생명체가 우연히 스스로 만들어진 것이 아니라 지성적인 창조주 하나님께서 지성적으로 설계하여 만드셨다는 사실을 잘 설명해 주고 있다.

로마서 1장 19~20절은 다음과 같이 명확하게 말하고 있다.

"하나님을 알 만한 일이 사람에게 환히 드러나 있습니다. 하나님께서 그것을 환히 드러내 주셨습니다. 이 세상 창조 때로부터 하나님의 보이지 않는 속성 곧 그분의 영원하신 능력과 신성은, 사람이 그 지으신 만물을 보고서 깨닫게 되어 있습니다. 그러므로 사람들은 핑계를 댈 수가 없습니다." (새번역)

제3장

NO 하나님, NO 도덕성
(인간의 도덕성에 하나님이 보인다)

!

　사람과 동물을 구분하는 중요한 기준 중 하나는 도덕성이다. 이 세상에는 시대와 문화를 초월하는 객관적인 도덕적 가치가 존재한다. 인간은 누구나 이 도덕적 가치를 존중하고 지킬 의무가 있다. 주위에서 '사람이 사람답게 살아야지.' '사람으로 태어나서 어떻게 그럴 수가 있는가?'라는 말을 한번쯤 들어보았을 것이다. 이것은 인간의 마음속에 도덕성이 자리 잡고 있다는 것을 말해주고 있다.
　그렇다면 도덕성은 어디로부터 왔는가? 도덕성은 하나님의 존재와 밀접하게 관련되어 있다. 본 장에서는 '하나님이 존재하지 않는다면 도덕적 가치들이 존재할 수 있는가?'라는 질문에 대한 답을 찾아보고자 한다. 과연 하나님 없이도 도덕성이 존재할 수 있을까?

도덕성은 하나님 존재를 증거한다

세계적인 유전학자 프랜시스 콜린스(Francis S. Collins)는 대학시절에 열렬한 무신론자였다. 하나님의 존재를 믿지 않았던 그가 하나님이 살아계심을 믿게 된 이유가 무엇일까? 그는 그의 책 『신의 언어』에서 인간에게만 존재하는 도덕법 때문에 하나님의 존재를 인정하게 되었다고 고백한다. 그는 이 세상에 명백하게 존재하는 도덕적 가치는 그 가치를 부여하신 하나님이 아니고서는 도저히 근거를 제시할 수 없다는 것을 깨닫게 되었다고 말한다. 그래서 콜린스는 이렇게 고백하고 있다. "신앙을 가진 지 28년이 흘렀지만 도덕법은 내게 하나님을 암시하는 가장 확실한 팻말로 여전히 굳건히 서 있다."[31] 여기서 객관적인 도덕성이란, 옳고 그름에 대한 도덕성이 시대와 문화를 초월하여 존재한다는 것을 의미한다. 다시 말해 옛날이나 지금이나 동일하고, 서양문화에나 동양문화에도 동일한 도덕성이 존재하는데 이것을 객관적인 도덕성이라고 부른다.

그렇다면 이렇게 시대와 문화를 초월한 객관적인 도덕성은 과연 어디로부터 왔을까? 이 세상의 도덕성은 도덕적인 하나님으로부터 왔다고 보는 것이 가장 합당하다. 즉 객관적인 도덕성이 존재한다는 것은 그 도덕성을 부여한 하나님이 존재한다는 것을 말해 준다.

하나님 없이는 궁극적으로 옳고 그름을 말할 수 없다. 기독교 철학자 윌리엄 레인 크레이그~William Lane Craig~ 박사는 도덕성과 하나님에 대해서 다음과 같은 논증을 제시한다.[32]

첫째, 만약 하나님이 존재하지 않는다면 객관적인 도덕적 가치들은 존재하지 않는다.
둘째, 객관적인 도덕적 가치들이 존재한다.
셋째, 그러므로 하나님은 존재한다.

크레이그 박사는 만약 하나님이 없다면 세상에 객관적인 도덕성이 존재할 수 없다고 말한다. 그런데 세상에는 분명히 도덕성이 존재하기 때문에 하나님이 존재할 수밖에 없다는 논리이다. 사실 이 주장은 상당히 설득력이 있다. 이 세상에 존재하는 도덕적 가치는 그 가치들을 부여하신 하나님이 아니고는 그 근거를 제시할 수 없다. 하나님은 '최고로 선하신 분'이기 때문에 이 세상에 존재하는 도덕성은 이러한 하나님의 성품에 의해서 우리에게 부여된 것으로 보는 것이 타당하다. 그런데 어떤 사람들은 이 세상에는 하나님이 존재하지 않으며, 도덕성은 하나님과 상관없이 생겨났다고 주장한다. 만일 이 세상에 하나님이 존재하지 않는다면 도덕성은 과연 어디로부터 왔을까?

첫 번째 주장 : 도덕은 진화 발달의 산물이다?

무신론적 진화론자들은 도덕이 진화 발달의 산물이라고 주장한다. 진화과학 철학자로 북미 지역에 매우 잘 알려져 있는 마이클 루스(Michael Ruse) 교수는 "도덕성은 단지 우리가 살아남고 번식하기 위한 하나의 도움이고, 그 외 다른 깊은 의미는 허황된 것이다"[33]라고 주장한다. 또한 영국의 유명한 무신론자요 진화론자인 리차드 도킨스(Richard Dawkins)도 "우주의 근간에는 아무런 설계도 없고 목적도 없으며 악도 선도 아무것도 없다. 단지 무의미하고 냉담한 상태만 있을 뿐이다"[34]라고 주장한다. 진화론적 관점을 요약하면 생명은 우연히 만들어져 아무 목적이나 의미 없이 살아가는 존재이고, 도덕성도 살아가기 위한 하나의 수단에 불과하다는 것이다. 진화론의 입장에는 인간이 도덕적으로 살아가야 하는가에 대한 좋은 이유가 없다.

만일 인간이 우주 대폭발에 의해서 우연히 생겨났다면 진화 발달은 꼭 선한 것을 선택한다는 보장이 없다. 진화론은 원래부터 선과 악이라는 개념이 없기 때문에 자기 생존에 유리한 것만 선택하게 된다. 강한 것이 약한 것을 잡아먹기 때문에 오직 강한 것만 살아남는다. 이러한 약육강식과 적자생존의 원리는 극단적 이기주의를 가져올 가능성이 훨씬 더 높다. 생존하는데 꼭 도덕적일 필요는 없는 것이다. 사실 진화론에는 원래부터 선과 악의 개념이 없다. 그래서 처음부터 진화론은 선을 선택해야 하겠다든지, 악을 피해야겠다는 목적 지향성이 없기 때문에 옳고 그름을 추구하는 도덕성을 설명할 근거를 제공해 줄 수 없는 것이다.

그리고 진화론적 발달은 물질적인 것에 한정되어 있다. 진화론은 이 세상에 물질만 존재한다는 것을 기본전제로 삼고 있다. 그런데 도덕성은 물질이 아니라 정신적 가치이다. 원래부터 정신적 가치가 결여되어 있는 물질에서 도덕적 가치가 나온다는 것은 처음부터 불가능한 일이다. 따라서 진화론은 도덕성의 근거를 제시해 줄 수 없다.

두 번째 주장 : 도덕은 사회적 산물이다?

어떤 사람들은 도덕성이 사회적 계약으로부터 생겨났다고 주장한다. 도덕이 사회적 산물이라는 것이다. 그러나 이것도 타당한 주장이 아니다. 그 이유는 무엇인가? 첫째, 도덕이 사회적 산물이라면 시대와 문화를 초월한 객관적 도덕성이 존재하지 않아야 한다. 왜냐하면 다양한 사회 공동체가 각기 나름대로의 도덕을 발전시켰다면 그 도덕성이 꼭 보편성을 가진다는 보장이 없기 때문이다. 예를 들어 수많은 민족과 나라, 공동체들은 각기 나름대로의 언어를 발달시켜 왔다. 그래서 모든 사람이 동시에 알아들을 수 있는 공통된 언어가 없다. 이처럼 도덕은 공동체마다 각기 달리 만들어졌으므로 모든 사람이 함께 받아들일 수 있는 객관적 도덕성이 없어야 한다. 각기 다른 언어들처럼 각기 다른 도덕성만 발달되어야 할 것이다. 그러나 이 세상에는 모든 사람이 동시에 받아들일 수 있는 공통적인 도덕성이 있다. 따라서 도덕성을 사회적 산물로 볼 수 없다.

둘째, 만약 사회 공동체 속에서 도덕을 만들어냈다면 시대와 문화에 따라 도덕성이 바뀔 수 있다. 어제의 진리가 오늘의 거짓이 될 수도 있다. 그렇다면 그 도덕을 꼭 지켜야 할 궁극적 의무는 없는 것이다. 그렇기 때문에 사회적으로 만들어진 도덕은 궁극적으로 옳고 그름을 말할 수 없다.

셋째, 만약 도덕이 사회적 합의로 만들어졌다면 한 공동체의 도덕이 다른 공동체의 도덕보다 우월하다고 말할 수 없다. 과연 무엇을 기준으로 한 나라의 도덕이 다른 나라의 도덕보다 월등하다고 말할 수 있겠는가? 과연 무엇을 기준으로 식인종의 도덕보다 문명

인의 도덕이 더 낫다고 말할 수 있는가? 일제 강점기, 조선의 많은 젊은 여성들이 일본군의 성노예 생활을 강요받은 만행을 무엇을 근거로 악하다고 말할 수 있겠는가? 일본 제국주의자들은 그들이 합의한 도덕이 옳다고 주장하고, 우리나라는 그들의 만행이 악하다고 주장한다면 과연 무엇을 근거로 옳고 그름을 판단할 수 있겠는가? 이처럼 도덕이 사회적 산물이라면 각각의 도덕이 다 옳기 때문에 절대적 기준이 있을 수 없다. 그런데 정상적인 사람은 분명히 식인 행위는 악하다고 생각한다. 심지어 식인종도 자신의 가족을 함부로 잡아먹는 것은 악하다고 생각할 것이다. 뿐만 아니라 우리는 조선 여성들의 인권을 유린한 일제의 만행이 지극히 악한 행위라고 명확히 주장할 수 있다.

이처럼 어떤 도덕이 다른 도덕보다 더 좋다고 말하는 순간 어떤 기준에 견주어 두 도덕을 판단하고 있는 것이다.[35] 실제로 두 가지 도덕 중에서 어떤 도덕이 더 우월하다고 생각할 때는, 비교하는 두 도덕을 제 3의 '진정한 옳음'과 비교하고, 그 기준에 견주어 봐서 어느 것이 더 진정한 '옳음'에 가까운가를 평가하는 것이다.[36] 이렇게 '진정한 옳음'과 같은 객관적인 도덕이 존재한다는 사실은 도덕성이 사회적인 산물로 나올 수 없다는 것을 증명하고 있다. 따라서 도덕은 사회 계약으로부터 생겨났다고 말할 수 없는 것이다. 이처럼 이 세상에 존재하는 도덕성의 근거는 진화론으로도 설명할 수 없고, 사회 계약으로도 설명할 수 없다. 하나님 외에 다른 것에서 도덕성의 기원을 발견할 수 없다.

하나님이 없다면, 도덕적 의무의 근거가 없다

하나님이 없다면 도덕적 의무를 지켜야 할 근거를 찾을 수 없다. 왜 도덕적인 삶을 살아야 하는가? 사람이 살면서 아름다움을 추구하고, 사랑하고 용서하며, 남을 불쌍히 여기고, 정의를 추구하고, 다른 사람을 섬기는 것이 보람되다고 한다면, 왜 사람이 이런 가치를 지켜야만 할까? 도덕법은 설명의 법칙이 아니라 당위의 법칙이다. 인간에게는 도덕적 의무가 있다. 왜 인간에게 도덕법을 지켜야 할 의무가 있을까?

인간은 이성이 있기 때문에 옳고 그름을 분별할 수 있다. 하지만 지성적 능력이 있다고 해서 꼭 도덕적 의무를 져야만 하는 근거는 없다. 인간의 이성적 능력이 도덕적 의무를 보장해 주지 못한다는 것이다. 지성적 능력 때문에 도덕적 의무를 수행하게 된다면, 머리가 좋고 IQ가 높은 사람이 가장 도덕적인 삶을 살게 될 것이다. 그렇지만 머리 좋은 사람이 오히려 지능적인 범죄를 저지르는 것을 종종 목격한다. 뛰어난 이성적 능력을 다른 사람들을 속이는데 사용할 수 있다. 따라서 무신론자 카이 닐센 Kai Nielsen 은 이렇게 말한다.

> 우리는 이성이 도덕적 관점을 요구한다는 것을 보여줄 수 있는 능력이 없다. 이성은 여기서 아무 것도 결정하지 않는다. 내 말의 요지는 이것이다. 아무리 어떤 사실에 대한 좋은 지식을 가졌더라도, 순수 실천 이성은 당신을 도덕성으로 데려주지 않을 것이다.[37]

하나님에 관한 질문

닐센이 지적하는 것은 인간이 비록 이성을 가졌더라도 그 이성 자체가 도덕적인 삶을 살도록 요구하거나 보장해 주지 않는다는 것이다. 다시 말해서 머리가 좋다고 해서 도덕적이고, 머리가 나쁘다고 해서 비도덕적인 것은 아니라는 것이다. 인간에게는 이성적 직관과 도덕적 직관이 구별될 수 있다. 머리로는 무엇이 옳은 것인 줄 알면서도 그 올바른 것을 선택하지 않을 수 있다. 이런 점을 고려해 볼 때, 인간의 이성은 도덕적 의무의 근거가 될 수 없다.[38]

도덕성의 기원은 하나님이다

지금까지 살펴본 것을 정리하면, 이 세상에 하나님 없다면 도덕적 가치의 근거를 찾을 수 없다. 무신론적 진화론자들은 도덕이 진화 발달의 산물이라고 주장한다. 하지만 진화론에는 원래부터 선과 악의 개념이 없으며 목적 지향성이 없다. 따라서 옳고 그름을 추구하는 도덕적 가치를 설명할 근거를 제공할 수 없다. 혹자는 도덕적 가치들이 사회계약이거나 사회적 산물이라고 주장한다. 하지만 이것도 타당한 주장이 아님을 살펴보았다. 또한 하나님이 없다면 도덕적 삶을 살아야 할 도덕적 의무에 대한 근거를 발견할 수 없다. 그렇다면 이 세상에 존재하는 도덕적 가치들은 과연 어디로부터 왔을까? 인간의 도덕성은 도덕적인 하나님이 주신 것으로 보는 것이 가장 합리적이다.

전제1 : 하나님이 없다면 도덕적 가치들은 존재하지 않는다.

윌리엄 레인 크레이그 교수가 제시하는 하나님 존재에 대한 도덕적 논증을 되새겨 보자. 논증의 첫 번째 주장은 이것이다. "만약 하나님이 존재하지 않는다면, 객관적인 도덕적 가치들은 존재하지 않는다." 그의 주장대로 하나님 외에 다른 것에서 도덕의 기원을 발견할 수 없다. 인격적이고 도덕적인 하나님이 없다면 도덕적 가치의 근거를 발견할 수 없고, 도덕적 의무의 근거를 발견할 수 없다. 오직 하나님이 존재할 때에만 도덕적 가치의 근거를 발견할 수 있고, 도덕적 삶을 살아야 할 당위성을 발견할 수 있다. 따라서 하나님이 존재하지 않는다면 객관적인 도덕적 가치들은 존재하지 않는다는 주장은 참된 것이다.

전제2 : 객관적인 도덕 가치들은 존재한다.

크레이그 교수의 두 번째 주장은 이것이다. '객관적인 도덕적 가치들이 존재한다.' 도덕성은 인간이 만들어 낸 것이 아니라 발견한 것이다. 시대와 문화를 초월해도 다음과 같은 객관적인 도덕적 가치를 발견할 수 있다.

1. 악보다 선이 좋다.
2. 어린이를 재미로 고문하는 것은 악하다.
3. 성폭행은 악하다.
4. 대량학살은 잘못이다.
5. 죄 없는 사람을 죽이는 것은 악한 행위이다.

이처럼 옳고 그름의 법칙인 객관적 도덕성이 분명히 존재한다. 누구도 객관적인 도덕적 가치들이 존재한다는 사실을 부인할 수 없다.

결론 : 그러므로 하나님은 존재한다.

논리적으로 생각해 볼 때, 다음과 같은 크레이그 교수의 도덕적 논증은 매우 타당하다.

> 첫째, 만약 하나님이 존재하지 않는다면, 객관적인 도덕적 가치는 존재하지 않는다.
> 둘째, 객관적인 도덕적 가치들이 존재한다.
> 셋째, 그러므로 하나님은 존재한다.

사람과 동물의 가장 큰 차이는 무엇일까? 자의식이라 할 수 있을 것이다. 사람은 '나는 누구인가?'라는 자의식을 가지고 있지만, 동물은 '나는 누구인가?'를 생각할 수 없다. 동물 중에서 '나는 누구인가? 내가 왜 사는가?' 라는 의문 때문에 우울증에 걸려 스스로 목숨을 끊는 경우를 본적이 있는가? 동물은 내가 누구인가를 질문할 능력이 없다. 더 나아가, 사람은 '나는 누구인가'를 생각할 수 있을 뿐만 아니라 '내가 나라고 생각하고 있는 나는 참된 나인가? 아닌가?'를 생각할 수 있는 능력이 있다. 인간은 자신의 내면을 스스로 성찰할 수 있다. 인간의 이러한 특성은 오직 인간에게만 영혼과 인격이 있다는 사실을 말해 준다.

도덕성과 인격성의 필연적 관계

도덕성은 자의식이 있는 인격체만 가질 수 있다. 철학자 제임스 사이어 James Sire 는 『기독교 세계관과 현대 사상』에서 이렇게 말한다. "윤리가 성립하려면 의식과 자기 결정력이라는 두 요소가 있어야 합니다. 간단히 말해서 인격이 있어야 합니다."[39] 이처럼 도덕은 인격과 깊이 연결되어 있다. 이 문제에 대해 철학자 폴 코팬 Paul Copan 은 다음과 같이 이야기 한다.

도덕의 기원에 대한 기독교적 유신론이 훨씬 더 합리적인 이유는 인격성과 도덕성이 필연적으로 연결되어 있다는 것입니다. 이것은 도덕적 가치들이 인격성에 뿌리를 두고 있다는 것을 말합니다. 그래서 인격적 존재인 하나님 없이는 인격성이란 존재할 수 없습니다. 따라서 도덕적인 가치들 또한 존재할 수 없습니다.[40]

이와 같이 도덕성이 인격과 결합되어 있기 때문에 인격 없는 동물에게는 도덕성이 없다. 동물들은 본능에 의해서만 산다. 그러나 인간은 본능을 역행하는 도덕성을 가지고 있다.

NO 하나님, NO 도덕성

그렇다면 인격과 결합되어 있는 도덕성은 과연 어디로부터 왔을까? 지금까지 살펴본 바대로, 도덕성은 무신론자들의 주장처럼 진화 발달에서 온 것이 아니다. 또한 도덕성은 사회 계약에 의해서 만들어 진 것도 아니다. 도덕성은 인간보다 훨씬 더 크신 인격체인 하나님의 존재가 아니면 그 기원을 설명할 수 없다. 만약, 하나님이 존재하지 않는다면 도덕성도 존재할 수 없다. 그러므로 우리는 이 세상에 존재하는 도덕성에 근거할 때, 이 도덕성을 부여하신 도덕적인 하나님이 존재한다는 사실을 명확하게 알 수 있다.

도덕적인
그리스도인

하나님은 거룩하고 도덕적인 분이다. 따라서 하나님은 하나님의 형상으로 지음 받은 사람들이 거룩하고 도덕적인 삶을 살길 원하신다. 특히 그리스도인들은 세상 사람들 보다 더 도덕적인 삶을 살아야 한다. 믿음이 좋은 사람과 예수님을 닮아가는 사람은 최소한 도덕적인 삶을 사는 사람이다. 도덕적인 탁월함은 하나님을 믿는 그리스도인들의 특권이요 기본적인 삶이다. 거룩한 습관을 길들이고, 거룩한 삶을 연습해야 하겠다.

하나님 존재에 관한 결론:
어느 것이 최선의 증거들을 보여 주는가?

하나님 존재에 대한 세 가지 견해는 다음과 같다.

첫째, 하나님은 존재한다.
둘째, 하나님은 존재하지 않는다.
셋째, 하나님이 존재하는지 존재하지 않는지 알 수 없다.

위 세 가지 선택 중에서 제일 설득력이 없는 주장은 어느 것인가? 그것은 세 번째, '하나님의 존재를 알 수 없다'라는 불가지론적인 입장이다. 애매모호한 입장은 진리의 범주에 들 수 없다. 따라서 제일 설득력이 없다. 그렇다면 하나님의 존재에 대한 두 가지 입장만 남게 된다.

두 가지 상반된 입장 중에서 어느 것이 더 합리적이고 최선의 설명을 제시해 주고 있는가? 필자는 지금까지 하나님의 존재하심에 대해 다음과 같이 설명하였다. 첫째, 우주의 기원을 살펴볼 때 하나님의 존재를 알 수 있다. 시작이 있고 끝이 있는 유한한 우주는 과연 어떻게 생겨났는가? 우주의 시작 전에는 아무런 물질도, 시간과

공간도 없었다. 그렇다면 이 거대한 우주는 어떻게 생겨났는가? 아무 것도 없는 데서는 아무것도 나오지 않는다. 이것이 형이상학적 진리이다. 따라서 우주가 탄생되기 위해서 우주를 만든 원인은 물질을 초월하고, 시간과 공간을 초월하면서도 물질을 만들 수 있는 지적인 존재가 필연적으로 있어야만 한다. 우주가 우주를 만들 수는 없다. 지성적인 하나님이 지적으로 설계된 우주를 만들었다고 보는 것이 최선의 설명이다.

둘째, 생명체 속에 새겨져 있는 DNA 정보는 지성적인 하나님에 의해 지적으로 정교하게 디자인된 것이라고 말할 수 있다. 인간이 만든 컴퓨터와 비교할 수 없을 정도로 복잡하고 정교하게 설계되어 있는 생명체의 DNA 정보는 과연 어디로부터 왔겠는가? 지적 존재는 언제나 정보를 산출하고 발생시키며 전달한다. 이것은 인간의 경험으로 알 수 없는 보편적 지식이다. 반면에 물질은 정보를 생성할 수 없고, 더욱이 자연법칙과 같은 필연적인 과정은 새로운 정보를 생성하지 못한다. 따라서 생명체에 숨겨져 있는 엄청난 양의 복잡하고 설계된 정보들은 지성적인 하나님에 의해서 만들어졌다고 보는 것이 최선의 설명이다.

셋째, 이 세상에 존재하는 객관적인 도덕성은 어디로부터 왔겠는가? 만약 하나님이 존재하지 않는다면, 객관적인 도덕적 가치들은 존재하지 않는다. 그런데 이 세상에는 객관적인 도덕적 가치들이 존재한다. 따라서 하나님은 존재한다고 말할 수 있다. 특히 도덕성은 오직 인격체에만 적용된다. 도덕적 가치는 인격체만 가질 수 있으며 도덕성은 인격성에 뿌리를 두고 있다. 따라서 도덕성은 인격적인 존재인 하나님이 없이는 인격에 뿌리를 둔 도덕성의 기원을 설명할 수 없다. 만약 하나님이 존재하지 않는다면 도덕성도 존재할 수 없다. 그러므로 도덕성을 부여하신 인격적인 하나님이 존재한다고 말할 수 있다.

중요한 사실은, 하나님의 존재하심에 대한 증거인 우주적 증명, 지적설계 증명, 그리고 도덕적 증명, 이 세 가지 증명들이 서로 연결되어 있다는 점이다. 만약 누군가 하나님이 존재하지 않는다는 것을 증명하기 위해서는 이 세 가지 증거들을 모두 무너뜨릴 수 있는 이론을 제시해야만 한다. 하지만 그것은 불가능해 보인다. 왜냐하면 이 세 가지 유신론적 증명들이 제시하는 증거들이 너무나 탁월하기 때문이다.

따라서 지금까지 논의한 사실들을 고려해 볼 때, 이 세상을 만드신 창조주 하나님이 존재하심을 믿는 것은 매우 합리적이고 이성적인 신앙이라고 말할 수 있다. 인격적인 창조주 하나님은 분명히 존재한다.

제4장

창조주가 기독교의
하나님인가?

!

　필자가 미국에서 목회할 때 섬겼던 교회에는 석사와 박사 과정에서 공부하는 유학생들이 많이 있었다. 그 중에는 예수님을 믿지 않았던 사람들도 상당수 있었다. 필자는 예수님을 믿지 않는 사람들이 교회에 오면 그들과 함께 '기독교 신앙은 과연 진리인가?'라는 주제로 세미나를 열곤 했다. 그 세미나를 통해 꽤 많은 사람들이 하나님의 존재에 대한 확신을 갖게 되었다. 그 중 어떤 사람이 질문했다. "이제 하나님이 존재한다는 사실을 알겠는데요, 그런데 창조주 하나님이 기독교의 하나님이라는 근거가 뭔가요?" 이 질문은 매우 중요하다. 세상을 만든 창조주가 존재한다고 해서 그 신이 꼭 기독교의 하나님이 아닐 수 있지 않는가? 다른 종교에서 말하는 신은 아닌가? 이렇게 질문할 수 있다. 하지만 창조주 하나님이 계신다면 그 하나님은 기독교에서 설명하는 하나님 개념과 정확히 일치한다는 것을 알 수 있다. 우리는 이 우주를 통해서 창조주의 속성에 대해서 명확히 알 수 있다.

논리적으로 유추한
창조주의 속성들

 우주를 만든 창조주 하나님의 속성은 무엇일까? 논리적으로 볼 때 창조주는 아래와 같은 속성을 지녀야 하고, 그래야 세상의 여러 가지 현상과 원리들, 즉 자연 법칙, 질서, 복잡성, 도덕성, 정보, 의미성, 목적성, 인격성 등을 설명해 줄 수 있다. 우주를 통해 알 수 있는 창조주의 특성은 아래와 같다.

 첫째, 창조주는 우주를 만들었기 때문에 우주의 근원이다. 하나님은 아무것도 없는 무로부터 우주를 창조하셨기 때문에 그분은 우주의 근원이 되실 뿐만 아니라 우주를 초월하며 우주와 구별되는 분이다.

 둘째, 창조주는 지성적인 분이다. 우주는 질서 속에서 운행되고 있고, 약력, 강력, 중력, 전자기력 등을 포함한 수많은 우주 상수들이 미세하게 조정되어 있어 생명체가 탄생할 수 있도록 조율되어 있다. 또한 생명체의 DNA는 복잡하고 설계된 정보를 보여주고 있다. 이 모든 것을 고려해 볼 때 창조주는 지성적인 분이어야 한다.

 셋째, 창조주는 인격체로서 도덕적인 분이다. 창조주는 자유의지를 가지고 세상을 만들기로 결정한 분이다. 이러한 속성은 신이 인격체임을 말해 준다. 또한 인간은 인격체이면서 도덕적 존재이다. 따라서 인격체인 인간을 만드신 창조주는 인간보다 더 완벽한 인격체요 도덕적인 존재이어야 한다.

넷째, 창조주는 전지전능하신 분이다. 그 분은 우주를 지성적으로 디자인 하셨을 뿐만 아니라 우주를 조화롭게 운행하시는 분이다. 따라서 창조주는 모든 것을 알고, 모든 것을 할 수 있는 분이어야 한다.

다섯째, 창조주는 정의롭고 사랑이 충만한 분이다. 창조주는 세상의 질서를 유지시키는 정의로우신 분이며, 피조 세계의 정의와 아름다움을 유지시킬 만큼 거룩하고 사랑이 많은 분이다. 이 세상의 질서와 정의, 사랑이 창조주의 인격에 근거하지 않는다면 세상은 더 이상 이러한 덕목을 추구할 수 없으며 그 근거를 발견할 수 없을 것이다.

이처럼 창조주는 우주의 근원이고 지성적이며, 인격적이고 도덕적인 존재요, 전지전능하고 정의롭고 완벽한 사랑의 속성을 가지고 계신다. 만일 이러한 속성을 가진 창조주가 없다면 우리는 우주의 기원, 질서, 생명체의 복잡성, 아름다움, 도덕성, 목적 그리고 삶의 의미를 제대로 설명할 수 없다. 따라서 일반 논리로 추론해 볼 때, 창조주는 반드시 위의 속성을 모두 갖춘 분이어야만 한다.[41] 이러한 속성 모두를 갖춘 창조주는 과연 어느 종교에서 주장하는 신$_{God}$일까?

어느 신관이 창조주의 속성을 모두 갖춘 신관인가?

이 질문에 대한 답을 얻기 위해서는 여러 신관의 유형을 살펴보는 것이 필요하다. 신관의 종류로는 유일신론$_{monotheism}$, 다신론$_{polytheism}$ 그리고 범신론$_{pantheism}$ 등이 있다. 유일신론은 기독교, 유대교, 이슬람교가 해당된다. 다신론은 신이 여럿이라는 주장이며, 범신론은 우주 자체가 신이라고 주장한다. 이제 우리는 유일신론, 다신론 그리고 범신론의 주장을 하나씩 비판적으로 분석해 보겠다.

첫째, 유일신관은 신은 한분만 존재한다고 주장한다. 유일신론은 철학적이고 논리적으로 생각할 수 있는 신의 정의에 가장 잘 부합된다. 철학적 관점에서 신의 정의는 무엇인가? 신은 최고의 존재the Greatest Being, 가장 완전한 존재the Perfect Being를 말한다. 하나님은 인간이 생각할 수 있는 최고의 존재요, 가장 완전한 존재이다.[42] 신은 최고의 존재이기 때문에 누군가가 신을 만들 수 있다면 그 신은 더 이상 신이 될 수 없다. 어떤 사람은 신의 정의에 관련하여 이런 질문을 한다. "목사님, 하나님이 왜 최고의 존재요 완전한 존재입니까?" 이 질문에 어떻게 답할 수 있는가? 이 경우엔 이렇게 되물을 수 있다. '총각이 왜 결혼 안한 남자인가?' 원래 총각의 정의가 그렇다. 결혼 안한 남자를 총각이라고 부른다. 마찬가지로 '하나님이 왜 가장 완전하고 최고의 존재인가?' 원래 우리는 그런 분을 하나님이라고 부른다. 하나님에 대한 정의가 그러하다는 것을 이해하는 것이 중요하다. 따라서 가장 완벽한 최고의 존재는 단 한 분뿐이다. 그러므로 유일신론은 신에 대한 정의와 가장 잘 부합된다.

둘째, 다신론은 어떠한가? 다신론은 신이 하나가 아니라 여럿이라고 주장한다. 다신론은 우선 신의 정의에 위배된다. 최고의 존재, 완벽한 존재는 한 분 뿐이다. 만약 둘 이상의 신이 있다면 그 신들 사이에 상하관계가 형성된다. 서로 충돌하고 상하관계가 형성되기 때문에 완전하고 최고의 존재가 되지 못한다. 그리고 상하관계에 있는 신은 누가 만들었는가라는 질문이 제기 된다. 누군가가 만들 수 있으면 신이 아니다. 또한 만들어진 신은 우주의 궁극적 기원이 되지 못한다. 이처럼 다신론은 우리가 믿기엔 많은 논리적 모순과

약점을 가지고 있다. 다신론에서 말하는 신의 공통점은 무엇인가? 다신론의 신은 주로 태양신, 달신, 용왕신, 산신, 목신 등인데, 이들의 공통점은 우주 안에 있다는 점이다. 우주 안에 있는 신의 문제점과 한계는 범신론과 동일한 문제를 가지고 있다.

셋째, 힌두교와 같은 범신론의 유형이 있다. 범신론은 우주 안에 있는 모든 것이 신이며, 우주 자체가 신이라고 믿는다. 범신론은 우주 자체가 궁극적인 존재요 신이기 때문에 우주를 만든 창조주를 인정하지 않는다. 그러나 현대 우주론에 의하면 우주는 영원하지 않다. 우주는 시작이 있고 끝도 있다. 우주는 우주 대폭발과 함께 시작되었고, 모든 연료를 다 태우며 서서히 죽어가서 결국 종말을 맞이하게 될 것이다. 이것은 과학적 사실이다. 만약 우주가 죽는다면 우주 안에 있는 모든 것은 그 안에 있는 모든 신과 함께 죽게 된다. 범신론에서는 우주가 신인데 우주가 죽으면 과연 누가 우주를 구해 줄 수 있겠는가? 바로 이것이 범신론의 한계요 약점이다. 이와 같은 범신론의 한계는 다신론의 한계와 동일하다. 우주 안에 있는 그 무엇이 신이라면, 우주가 종말을 맞이할 때 우주 안에 있는 모든 신은 우주와 함께 종말을 맞이하게 될 것이다. 이것이 범신론과 다신론의 한계이다. 이처럼 신관의 유형을 하나씩 분석해 보면, 힌두교의 범신론과 다신론은 논리적인 문제점이 있다는 사실을 명확히 알 수 있다.

따라서 이 세상을 창조하였고 우주와 구별되어 존재하는 창조주 하나님이 완전하면서도 최고의 존재라고 믿는 유일신론이 가장 논리적이고 합당하다고 결론지을 수 있다.

왜 기독교 신관이
가장 합당한가?

유일신을 믿는 종교는 이슬람교, 유대교 그리고 기독교뿐이다. 그러면 이 세 종교 중에서 과연 어느 종교의 신관이 최고의 존재요, 완전한 존재인 창조주 하나님을 가장 잘 설명하겠는가? 어느 종교가 인격적이며 지성적이고 도덕적이며 전지전능한 유일한 창조주 하나님의 개념과 일치하겠는가?

이슬람은 유일신을 믿고 있지만 인격적인 신 개념과는 거리가 멀다. 알라는 세상을 창조한 후에 아무것도 하지 않는다. 알라는 인간의 죄 때문에 이 세상에 들어와서 자신을 희생하는 신이 아니다. 또한 알라는 유일신이면서 한 인격만 가졌기 때문에 본질적으로 사랑하는 존재가 되지 못하며 완벽한 존재가 아니다. 이슬람과 유대교는 그들의 신관에 삼위일체 하나님 개념이 없기 때문에 최고의 존재요 완전한 존재로서 창조주 하나님을 설명하지 못한다.

기독교는 삼위일체 하나님을 믿는다. 삼위일체란, 하나님은 본질적으로 한 분이지만 그 위격은 세 분, 즉 성부, 성자, 성령으로 구분되어 존재한다는 교리이다. 이것은 하나님이 $1+1+1=1$을 의미하는 것이 아니라, 하나님은 $1 \times 1 \times 1 = 1$이라는 것을 의미한다.[43] 따라서 성부 하나님도 신적 속성을 가지고 계시고, 성자 예수님도 성부 하나님과 동일한 신적 속성을 가지고 계시며, 그와 마찬가지로 성령 하나님도 신적 속성을 가지고 계신다. 성경은 하나님이 오직 한 분이지만, 그 한 하나님 안에는 각각 개별적인 의지와 인격을 가진 세 위격이 존재한다고 말한다.

이러한 삼위일체 하나님 신관은 논리적인 것인가? 비록 삼위일체는 인간의 이성으로 완전하게 이해할 수는 없지만, 논리적 모순이 없으며 오히려 논리적으로 가장 타당한 신관이다. 이 세상에 하나님이 존재한다면, 그 하나님은 어떤 분이겠는가? 하나님에 대한 철학적 정의를 되새긴다면, 하나님은 '인간이 상상할 수 있는 가장 완전하고 최고의 존재'이다. 완벽하고 최고의 존재는 그 존재의 본질상 오직 한 분뿐이어야 한다. 완벽하고 최고의 존재가 둘이 될 수는 없다. 따라서 하나님은 유일신$_{monotheism}$이다.

뿐만 아니라 유일한 하나님은 도덕적으로도 완전해야만 한다. 하나님이 도덕적으로 완전하다는 것은 인격체로서 사랑하는 분이라는 것을 의미한다. 사랑의 정의는 무엇인가? 사랑이란 자신을 타인에게 내어주는 것을 말한다.[44] 그래서 '하나님이 사랑이시다'라는 것은 하나님은 다른 인격에게 자신을 내어주는 존재라는 것을 의미한다. 만일 하나님이 한 분뿐이면서 한 인격만 가졌다면 사랑의 대상이 없다. 관계를 맺고 교제를 할 인격적 대상이 없다. 그래서 완벽한 사랑을 할 수가 없는 것이다. 바로 이런 문제점을 가진 신관이 이슬람의 신관이다. 이슬람의 알라는 본질적으로 한 분 뿐이면서 오직 하나의 의지만 가졌기 때문에 다른 인격과 관계를 맺을 수 없다. 이런 신은 완전하고 최고의 존재가 될 수 없다.

　하나님은 이 세상을 창조하기 전에 반드시 완전해야만 한다. 기독교의 삼위일체 하나님은 최고의 존재이기에 오직 한 분뿐이다. 그 한 분 하나님 안에 세 인격이 존재한다. 그래서 성부가 성자를 사랑하고, 성자가 성령을 사랑하며, 성령이 성부를 사랑하는 완벽한 사랑을 나누고 계신다. 하나님은 완전하기 때문에 도덕적으로도 완벽하게 사랑하는 존재이다. 존재론적으로 한 분뿐이면서 동시에 사랑할 수 있는 최고의 신은 본질적으로 유일하면서도 세 인격을 가진 기독교의 삼위일체 하나님뿐이다. 삼위일체 하나님은 오직 한 분뿐이면서도 세 인격을 가졌기에 세상을 창조하기 전에도 서로를 섬기는 완전한 사랑을 본성적으로 할 수 있었다. 이런 의미에서 기독교의 삼위일체 하나님은 가장 논리적으로 타당한 신관이라 할 수 있다.

창조주는 기독교의 하나님이다!

만일 이 세상에 창조주 하나님이 계신다면, 그 하나님은 반드시 모든 것을 할 수 있는 전능자이시며, 모든 것을 알고 설계할 수 있는 전지자요 지성적인 존재이다. 그 분은 도덕성을 부여한 인격자이어야 하고, 죄와 죽음과 고통의 문제를 해결할 수 있는 사랑이 충만한 분이어야만 한다. 하나님은 선을 유지할 수 있을 만큼 정의로운 분이다. 이러한 속성을 모두 갖춘 신은 과연 어느 종교의 하나님인가? 다른 종교가 주장하는 신은 이런 판단 기준을 만족시키지 못한다. 오직 기독교의 하나님, 성경의 하나님만이 앞에서 제시한 하나님의 특성에 꼭 들어맞는다. 따라서 이 세상에 창조주 하나님이 계신다면 그분은 분명히 기독교에서 경배하는 바로 그 하나님이다. 성경의 하나님은 전지전능하며 우리를 위해 희생하시는 사랑이 충만한 분이다. 기독교인이 믿고 있는 하나님이 창조주요 참 하나님이다.

하나님이 나와
무슨 상관인가?

필자의 강의를 들은 어떤 사람은 종종 이런 질문을 하였다. "목사님, 이제 저는 목사님의 강의를 통해서, 하나님이 계신다는 사실을 확실히 믿습니다. 그 하나님이 기독교의 하나님이라는 사실도 믿어요. 그런데 하나님이 계신다고 해서 그것이 나와 무슨 상관이 있습니까? 하나님이 존재한다는 사실이 내 삶에 왜 중요합니까?" 이 같은 질문에 무엇이라고 답해야 하는가? 우리는 스스로에게 질문해 보아야 한다. 하나님이 존재한다는 것이 과연 나와 무슨 상관인가? 하나님이 존재한다는 사실이 나의 인생에 왜 중요한가? 우리는 분명한 답을 가지고 있어야 한다. 하나님의 존재가 우리의 삶에 왜 중요한가를 알기 위해서는 역설적으로, '만일 하나님이 이 세상에 존재하지 않는다면?'이라는 의문을 제기하는 것이 바람직하다. 우리는 그 질문을 통해서 하나님 존재의 중요성에 대해 알 수 있다.[45]

1) 하나님이 없다면

하나님이 없다면 무슨 일이 일어날까? 첫째, 삶의 궁극적 의미를 발견할 수 없다.[46] 결국 인간은 누구나 죽는다. 죽음으로 모든 것이 끝난다면 내가 누구이며, 무엇을 했고, 어떻게 살았느냐는 것이 중요하지 않게 된다. 이런 주장에 대해 다음과 같이 반론을 제기할 수 있을 것이다. '우리끼리 어떠한 삶의 목적과 의미를 만들면 되지 않겠느냐?' '우리끼리 도덕을 만들고 착하게 살면 되지 않겠는가?'라고 반문할 수 있다. 그러나 잘 생각해 보자. 우리끼리 만든 도덕과 의미 부여는 분명히 개인적이고 주관적인 것이다. 한 시대가 지나고 상황이 바뀌면 지난번 도덕은 의미가 달라질 수 있다. 그것은 궁극적 가치와 인생의 의미를 가져다주지 못한다. 이렇게 되면 궁극적이고 객관적인 도덕이나 삶의 중요한 가치들은 사라지게 되는 것이다. 이처럼 하나님이 없다면 어떠한 궁극적인 가치도 존재할 수 없고, 객관적인 도덕성도 없으며, 인생의 궁극적인 의미와 목적도 생각할 수 없다.

그러나 하나님이 확실히 존재하기 때문에 이 세상에는 하나님이 주신 삶의 의미와 목적이 있다. 살아계신 하나님을 무시하고 지낸다면 그 사람은 인생의 궁극적인 의미와 목적을 발견할 수 없다. 또한 그 사람은 자신의 인생을 창조주의 뜻과 목적대로 살아갈 수 없게 된다. 예컨대 손목에 차고 있는 시계를 보라. 시계는 자기가 왜 바늘을 움직이고 있는지 알지 못한다. 시계가 스스로 자신의 목적을 발견할 수 없기 때문이다. 그러나 시계를 만든 사람은 목적을 잘 알고 있다. 이와 같이 하나님이 우리 인생을 특별하게 만들었다면,

우리 스스로는 인생의 의미와 목적을 발견할 수 없다. 하지만 창조주 하나님께 인생의 목적을 물어보고 그 가르침대로 살아간다면, 우리는 인생을 의미 있게 살아갈 수 있다. 인생에게 주어진 의미와 목적대로 살아가는 것이 우리에게 가장 큰 기쁨이요, 최고의 행복이 된다는 사실을 꼭 기억해야 한다.

둘째, 만일 하나님이 없다면 인간은 궁극적인 희망을 상실하고 절망적인 삶을 살아가게 된다.[47] 하나님이 없다면 인간에게 아무런 희망이 없다. 그저 죽으면 끝이다. 인간이 더 나은 삶을 살고자 노력해도 결국은 절망에 빠진다. 왜 그러한가? 그 이유는 인간은 죽음을 이길 수 있다는 희망이 없기 때문이다. 영원히 생존할 방법이 없다. 인간이 질병과 고통, 죄악으로부터 해방 받을 길은 영원히 없다. 태어날 때부터 장애인이었던 사람이나 사고로 인한 장애로 평생을 고통 속에서 보내다가 죽는 사람을 생각해 보자. 죽어서 모든 것이 끝난다면 결국 아무런 희망이 없는 것이다. 그들에게는 아무것도 남는 것이 없다. 그렇기 때문에 인생이 절망적이다. 이처럼 무신론의 끝은 절망적이다.

역사적으로 대부분의 무신론 철학자는 방탕하게 살았거나 끝이 비참하고 절망적이었다. '인생은 절망이다'라고 주장한 버트란트 러셀은 그의 마지막 생애를 허무하게 마감하였다. '신은 죽었다'라고 주장한 니체는 생의 마지막 17년간을 광인으로 살았다.[48] 하나님의 존재를 거부하고 인정하지 않는 사람은 이렇게 인생이 절망적이고 비참하다는 사실을 절감했던 것이다. 만일 하나님이 없다면 좀 더 나은 삶을 살려는 노력에 아무런 희망이 없다. 하나님을 모르고 살아가면 결국 절망 속에서 죽음을 맞이하게 된다.

그러나 하나님이 존재하심을 확실히 알고, 하나님과의 친밀한 교제 속에 사는 사람은 희망이 있다. 하나님의 존재를 확실히 믿고 그 분과 친밀한 관계 속에서 살아가는 사람들은 이 세상을 살아가면서도 하나님의 도우심을 체험할 수 있고, 절망적인 상황 속에서도 내일의 희망을 바라 볼 수 있다. 아무리 질병과 고통 속에서 사는 사람이라 할지라도 언젠가는 그 고통과 슬픔이 희망으로 변화되는 그 날을 확신하고 소망할 수 있다. 그리고 그 소망의 날은 반드시 찾아올 것이다. 왜냐하면 살아계신 하나님께서 모든 고통과 죄악 그리고 질병을 심판하고 해결하실 그 때가 다가오기 때문이다.

2) 하나님을 인정하고 사귐을 갖게 되면

창조주 하나님은 살아계신다. 만약 하나님의 존재를 인정하고 하나님과 사귐을 가지게 되면 우리는 인생의 궁극적인 의미와 목적을 발견할 수 있다. 또한 하나님 안에서 희망을 가지고 살아갈 수 있다. 뿐만 아니라 우리가 하나님을 인정하고 하나님을 우리 삶의 주인으로 모신다면 우리는 하나님의 희생적인 사랑을 체험할 수 있고, 그 분의 사랑을 누리고 하나님과 친밀한 교제를 나눌 수 있다.

전에 어느 교인이 필자에게 이런 질문을 하였다. "목사님, 하나님이 정말 우리를 사랑한다면 지금 눈에 보이게 나타나서 '내가 하나님이다. 나를 믿어라'하면서 하나님의 권능을 나타내면 사람들이 믿을 텐데 왜 그렇게 하지 않으십니까?" 공감 가는 질문이다. 하나님은 영이지만 하나님이 원하신다면 사람들이 볼 수 있도록 나타나서 하나님의 존재를 알릴 수 있다. 그런데 하나님은 그렇게 하지 않으신다. 그 이유는 무엇일까? 하나님은 우리와 인격적으로 교제하기 원하시기 때문이다. 만일 하나님이 신적인 능력을 보여주신다면 많은 사람들이 놀라움과 두려움으로 하나님을 믿게 될 것이다. 그러나 그렇게 믿는 것은 두려움과 공포 때문이지 인격적 사귐이 아니다. 하나님을 닮게 만들어진 인간은 마음으로부터 우러나오는 진정한 존경이 아니면 어떠한 고통을 감수하더라도 진정한 순종이나 인격적인 교제를 하지 않는다. 하나님은 피조물인 인간과 진정한 인격적 교제를 원하신다. 이러한 진정한 교제는 인간에게 너무나 큰 영광이며 유익이요 행복이다. 하나님은 우리에게 이렇게 복주기를 원하신다. 그래서 하나님은 인간의 마음속에 하나님을 찾고자 하는 근본적인 욕구를 주셨고, 하나님과 진정한 사귐을 가질 때 인간이 진정 행복해지도록 창조하셨다.

그런데 문제는 인간이 하나님과 사귀지 않고, 하나님 없이 자기 마음대로 살고자 하는 것이다. 사람이 하나님과 상관없이 자기 마음대로 사는 것이 죄다. 이렇게 하나님과 단절되면 그 삶의 끝은 하나님과의 영원한 분리뿐이다. 이것이 지옥의 삶이다. 지옥이란 세상에서 가장 의미 있고 아름다운 존재인 하나님으로부터 분리를 말한다. 하나님과의 영원한 분리가 바로 지옥이다. 하나님은 사람이 하나님과 교제하며 살도록 창조하셨다. 그런데 창조목적을 거부하고 하나님과 상관없이 자기 마음대로 살아가겠다고 고집하는 사람이 있다. 결국 이들이 얻는 것은 하나님과의 영원한 분리이다. 인간 본연의 목적대로 살기를 거부하는 사람에 대한 영원한 추방과 영원한 분리가 바로 지옥이다.[49] 창조주 하나님을 의도적으로 거부하고 자신이 우주의 중심이라고 선언하며 교만하게 살아가는 사람은 결국 하나님과 영원히 분리되고, 사랑하는 사람과도 영원히 분리된다. 이것이 영원한 죽음이다. 그래서 지옥 자체는 형벌이고 엄청난 고통이다. 하나님은 이것이 너무나 안타까워 인간이 마음을 돌이키기 원하신다. 그런데 한번 빗나간 인간의 마음은 돌아서지 않는다. 오히려 더욱 완고해지고 교만하며 자기중심적이 되어간다.

그래서 하나님은 결심하셨다. 하나님께서 우리를 얼마나 사랑하시는지 직접 보여주기로 말이다. 하나님은 인간의 마음을 돌이키기 위해 자신의 능력을 보이거나 인간을 협박하지 않으시고, 대신 자신의 목숨을 내어놓기로 결심하셨다. 하나님은 겸손하게도 인간의 몸으로 오셨다. 그 분이 바로 예수님이다. 하나님이신 예수님은 인간이 받을 수 있는 최고의 고통을 받으면서 십자가에서 못 박혀 죽으셨다. 두 팔을 넓게 벌리시고 '내가 이 만큼 너를 사랑한단다.' 이런 의미로 십자가에 못 박혀 죽으셨다. 우리의 죄를 용서하시고, 하나님을 떠난 우리의 마음을 십자가의 사랑으로 녹이고자 하셨으며, 우리가 하나님을 인격적으로 사랑할 수 있는 길을 여셨다.

지금까지 우리는 하나님의 사랑 이야기를 나누었다. 하나님은 여러분을 진심으로 사랑하신다. 말로만 사랑하시는 것이 아니라 그 분의 온 몸으로 여러분을 사랑하신다. 이 엄청난 하나님의 사랑을 받아들이길 바란다. 주위에 아직도 하나님의 존재가 나와 무슨 상관이 있느냐고 질문하는 사람이 있는가?

만일 당신이 하나님의 존재를 믿고 그 하나님의 사랑을 받아들인다면, 1) 당신은 삶의 의미와 목적을 발견하고 누릴 수 있다. 2) 당신은 당신 삶에 희망을 가질 수 있으며, 영원한 생명을 누릴 수 있다. 3) 당신을 향한 하나님의 희생적인 사랑을 체험할 수 있고, 그 분의 사랑을 개인적으로 누릴 수 있으며, 그분과 친밀한 교제를 나눌 수 있다. 영원한 절망이냐? 아니면 하나님과의 깊은 사귐이냐? 당신의 선택에 달려 있다.

제5장

하나님이 계시는데
왜 악이 존재하는가?

!

우리는 가끔 '하나님이 살아 계신다면, 왜 악과 고통이 존재할까?'라고 질문할 때가 있다. 특히 신실하게 신앙생활을 해오던 분에게 예상치 못한 어려움이 닥쳐왔을 때, 왜 하나님께서 그런 고통을 허락하셨을까? 라고 질문하게 된다. 하나님은 왜 이 세상에 악을 허락하셨을까? 왜 하나님은 인간에게 자연재해라는 엄청난 고통을 경험하게 하실까? 우리는 악과 고통의 문제를 어떻게 이해해야 할까?

자연재해와 악의 문제

이 세상에는 자연재해가 빈번히 일어나고 있다. 태풍, 쓰나미, 지진, 토네이도, 홍수 그리고 가뭄 등의 자연재해로 인해 수많은 사람들이 목숨을 잃기도 하고, 하루아침에 삶의 터전을 잃는 경우를 종종 본다. 이 세상에는 왜 이러한 악과 고통이 만연할까? 하나님은 왜 악과 고통을 허용하실까?

이 문제에 대한 해석 중 하나는 이렇다. 하나님은 원래 세상을 선하게 창조하셨다(창 1:31). 당연히 처음 세상에는 악이 없었다. 그랬던 세상이 어떻게 악과 고통으로 가득 차게 되었을까? 성경은 그 이유를 인간의 타락으로 설명한다(창 3장). 자유의지를 가진 아담과 하와는 하나님께 범죄 했고, 그 결과 인간과 하나님과의 관계만 깨어졌을 뿐 아니라 인간과 자연, 자연과 하나님의 관계도 파괴되었다. 인간의 타락으로 자연 질서는 뒤틀렸고, 모든 피조물이 함께 신음하며 하나님의 회복을 기다리고 있는 것이다(롬 8:20~22). 하나님이 원래 창조했던 세계가 인간의 죄로 인해 타락했기 때문에 지금의 세상에는 자연재해와 악이 발생할 수 있다.[50] 이런 불완전한 구조 속에서 사람은 악과 고통에 직면할 수 있는 것이다.

수년 전, 인도네시아와 태국에서 발생했던 쓰나미 때문에 많은 사람이 피해를 입었을 때, 어느 기독교 성직자는 '하나님이 무슬림들에 대해 심판하신 것'이라고 선포했고, 영국의 한 무슬림 지도자는 '태국의 매춘 관광객들에 대한 알라의 심판'이라고 정죄하였다. 그러나 자연재해에 대한 이러한 해석은 매우 위험하며 성경적 이해가 아니라고 말할 수 있다. 누가복음 13장에 예루살렘의 실로암 건

축현장에서 망대가 무너져 18명이 죽은 사고가 나온다. 그 때 예수께서는 그들의 죽음이 그들 죄에 대한 하나님의 심판이 아니라고 말씀하셨다. 그리고 누구에게나 죽음은 갑자기 찾아올 수 있기 때문에 회개해야 한다고 지적하셨다(눅 13:4~5).

자연재해를 바라보는 보다 바람직한 기독교인의 이해와 자세는 이러해야 할 것이다. 기독교인의 올바른 자세는 첫째, 타락한 세상에는 자연재해가 발생할 수 있다는 사실을 겸허히 인정해야 한다. 둘째, 자연재해는 하나님 앞에서 겸손히 인간의 한계를 고백하는 계기가 되어야 한다. 셋째, 개인의 종말이 언제일지 알 수 없는 상황에서 항상 회개하는 삶을 살아야 하겠다. 재앙은 때때로 자신의 삶을 하나님께로 돌이키는 계기를 제공한다. 그리고 넷째, 기독교인은 재해당한 사람들을 돕는데 최선을 다하고, 하나님의 회복을 기다리는 마음으로 지구의 환경을 돌보는 책임을 다해야 한다. 왜냐하면 오늘날 자연재해의 원인 중 많은 부분은 인간이 자연을 이기적으로 파괴했거나, 자원을 오남용한 결과로 인해 생겼다고 볼 수 있기 때문이다.

개인적 재앙과
악의 문제

    필자가 잘 알고 지내는 어느 선교사님은 네팔 사람들을 향한 복음의 열정을 가지고 오래 전에 네팔 선교사로 헌신했다. 어느 날 선교사님이 타지에서 복음을 전하기 위해 집을 비운 사이에 선교사님의 집에 화재가 발생했다. 그 화재로 선교사님의 두 딸이 희생되었고, 사모님과 막내 아이만 겨우 목숨을 구할 수 있었다. 필자가 이 소식을 들었을 때, 즉각 마음에 떠올랐던 질문이 이것이다. "하나님, 왜 엄청난 아픔을 선교사님께 허락하셨나요?" 때때로 신실한 그리스도인들이 고통당하는 것을 보며 하나님께서 왜 그러한 고통을 허락하셨을까? 라는 의문을 가지게 된다.

그렇다면 하나님을 믿지 않는 사람은 이 세상에 존재하는 악과 고통의 문제에 대해 어떻게 생각할까? 빌리 그래함 목사님이 젊었을 때, 목사님을 능가할 정도로 목회를 잘했던 전도자가 있었다. 그 사람은 찰스 템플턴이다. 그는 빌리 그래함 목사님의 막역한 친구였고, 함께 전도 집회도 열었다. 찰스 템플턴은 교회를 개척하여 짧은 기간에 천이백 명이 넘는 교회로 성장시켰다.

그런데 템플턴은 어느 날 갑자기 목사직을 그만두고 하나님이 있는지 없는지를 의심하는 불가지론자가 되었다고 한다. 그는 결국 치매에 걸려 고통 받다가 세상을 떠났다. 찰스 템플턴이 갑자기 회의주의자가 된 이유는 '라이프'라는 잡지의 사진 한 장 때문이었다. 그 사진은 극심한 가뭄으로 기근이 든 아프리카에서 죽어가는 어린 아이를 품에 안고 하늘을 원망스럽게 쳐다보는 사람의 모습이었다. 템플턴은 '지금 그들에게 필요한 것은 비인데, 왜 하나님께서 비를 내려주시지 않는가?'라는 의문을 갖게 되었고, 세상에 고통을 주는 하나님은 존재하지 않는다고 생각하며 불가지론자가 되었다고 한다.[51]

악의 존재는 하나님이 없다는 증거인가?

찰스 템플턴이 주장한 것처럼, 악과 고통이 있기 때문에 하나님은 존재하지 않는 것일까? 악이 존재하는 것이 하나님이 존재하지 않는다는 증거가 될 수 있을까? 하나님의 존재를 부인하는 무신론자들은 악의 존재가 하나님이 없다는 증거라고 주장한다. 그들은 다음과 같은 논지를 제시한다.

첫째, 만일 하나님이 전적으로 선하다면 그는 악을 멸할 것이다.

둘째, 만일 하나님이 전능하다면 그는 악을 멸할 수 있는 능력이 있을 것이다.
셋째, 악은 없어지지 않았다.
넷째, 그러므로 선하고 전능한 하나님은 존재하지 않는다.

만약, 당신이 이러한 무신론자의 주장을 들었다면 어떻게 대답하겠는가? 사실 악이 존재하기 때문에 하나님은 존재하지 않는다는 무신론자들의 주장은 논리적으로 문제가 있다. 실제로 악의 존재는 하나님이 없다는 주장을 뒷받침해주지 못한다. 다음의 주장을 한 번 생각해 보자.

첫째, 하나님은 전적으로 선하시고 악을 물리치기 원하신다.
둘째, 하나님은 전능하시고 악을 물리칠 수 있다.
셋째, 악은 아직까지 없어지지 않고 있다.
넷째, 그러므로 그 악은 어느 날 멸해질 것이다.

어떤가? 비록 이 세상에 악이 존재할지라도 선하고 전능하신 하나님께서 어떤 이유와 섭리가 있어서 잠시 악을 허용할 수 있다는 것이다. 하지만 최종적으로 하나님은 악을 멸하실 것이다.

악의 존재는 오히려
하나님의 존재를 증거 한다

사실 악의 존재는 하나님이 존재한다는 사실을 강력하게 지지한다. 다음의 논증을 생각해 보자.

첫째, 악이 존재한다.
둘째, 악은 마땅히 되어야 하는 규범에서 이탈됨을 말한다.
셋째, 이 사실은 설계성이 내포되어 있음을 가리킨다.
넷째, 따라서 설계자가 반드시 존재한다.[52]

어떠한가? 악이 존재한다는 것은 그 악이 정해져 있는 규범에서 벗어났다는 것이고, 정해진 규범이 있다는 것은 그 규범을 만들고 설계한 설계자가 있다는 것을 말한다. 악의 존재가 오히려 하나님의 존재를 증거한다는 주장으로 다음과 같은 논증을 하나 더 제시할 수 있다.

첫째, 만약 하나님이 존재하지 않는다면 객관적인 도덕적 가치는 존재하지 않는다.
둘째, 악이 존재한다.

셋째, 따라서 객관적인 도덕적 가치가 존재한다.
넷째, 그러므로 하나님은 존재한다.[53]

이 논증처럼 악이 존재하는 것은 하나님이 존재한다는 사실을 강력하게 증거 해주고 있다. 따라서 악의 존재는 하나님이 없다는 증거가 되지 못하며, 오히려 하나님이 살아 계심을 강력하게 지지해 준다.

하나님이 악을 만들었는가?

그렇다면 하나님이 살아계시는데 왜 악과 고통이 존재하는 것일까? 왜 악과 고통이 하나님과 함께 존재할까? 하나님이 악을 만들었는가? 하나님은 악을 만들지 않았다. 하나님이 악을 만들지 않았다면 도대체 악은 어디서 온 것일까?

악은 하나님이 만든 것이 아니라 자연발생적으로 들어온 것이다. 밤에 조명을 모두 꺼보자. 그러면 주위가 어두워질 것이다. 사람이 그 어둠을 만든 것인가? 아니면 빛이 사라진 곳에 어둠이 자연스럽게 들어온 것인가? 어둠이 자연스럽게 들어온 것이다. 이처럼 하나님의 선하심이 결여된 곳에 악은 자연스럽게 찾아온다.

이런 질문을 할 수 있을 것이다. "어쨌든 악이 왜 이 세상에 존재합니까?" "전능하신 하나님께서 악이 없는 완전히 선한 세계를 창조하면 되지 않습니까?" 좋은 질문이다. 이 질문에 답하려면 먼저 생각해 보아야 할 문제가 있다. 그것은 "하나님은 모든 것을 하실 수 있는가?"이다. 하나님은 모든 것을 하실 수 있는가? 그렇다. 하나님은 전능하시기 때문에 모든 것을 하실 수 있다. 하지만 하나님이 전능하시다는 말의 진정한 의미는 이치에 맞는 모든 것을 하실 수 있다는 것이다. 하나님이 전능하시기 때문에 오히려 할 수 없는 것이 있다. 그것은 하나님은 실수를 할 수 없다. 하나님은 거짓말과 거짓 약속을 할 수 없다. 하나님은 논리적으로 맞지 않는 것을 할 수 없다. 하나님은 동그란 삼각형을 만들 수 없다. 하나님은 평평하면서도 깊은 계곡을 만들 수 없다. 이것들은 논리적으로 말이 안 되는 것이기 때문이다.

하나님은 왜 악을
허용하시는가?

우리는 하나님이 전능하시기 때문에 할 수 없는 것이 있다는 사실에 대해 살펴보았다. 하나님은 거짓말을 할 수 없다. 2더하기 2를 5라고 할 수 없다. 하나님은 정확하게 둥근 삼각형을 만들 수 없다. 이런 것들은 하나님의 성품에 위배되고, 논리적인 모순이 있기 때문이다.

그렇다면 하나님은 악이 없고 완전히 선한 세상을 만들 수 있을까? 만들 수 있다. 하지만 그 세계는 로봇만 있는 세계이다. 인간을 로봇처럼 만들어 놓는다면 악이 없고 선만 있는 세계를 만들 수 있다. 그러나 하나님께서 인간에게 자유의지를 선물하신 순간, 반드시 악이 발생하게 되어 있다. 자유의지를 가졌으면서 동시에 전적으로 선한 행위만 하는 사람을 만들 순 없다. 그것은 마치 완전한 원이면서 동시에 정삼각형을 만들 수 없는 이치와 같다.

하나님은 인간을 존중해서 자유롭게 선택하고 결정할 수 있는 자유의지를 주셨다. 자유의지는 인간이 인간다울 수 있는 가장 큰 선물이다. 인간이 진심으로 하나님을 사랑하기 위해서는 자유의지가 절대적으로 필요하다. 인간은 자신에게 주어진 특권으로 하나님을 선택하지 않고 악을 선택했다. 인간은 자유의지로서 하나님을 경배하지 않고 하나님을 거부하고 대항하기로 선택했다. 따라서 악은 하나님이 만든 것이 아니라 인간의 잘못된 선택의 결과로 생겨난 것이다. 마치 빛이 없으면 어둠이 찾아오는 것과 같은 이치이다. 악의 문제는 하나님의 책임이 아니라 인간의 책임이다.

우리가 살아가고 있는 세상은 하나님께서 우리에게 자유의지를 주신 세상일뿐만 아니라 진정한 사랑이 가능한 세상이다. 자유의지가 있는 세상이기에 아기를 위한 어머니의 사랑이 가능하고, 사랑하는 사람을 진심으로 사랑할 수 있는 세상이다. 이렇게 자유로운 사랑이 가능하기 때문에 이 세상에는 잘못된 선택으로 인한 고통과 아픔의 가능성도 수반된다는 사실을 기억해야 한다.

왜 악을 빨리 없애지 않는가?

하나님은 왜 악을 즉각 심판하지 않을까? 그 이유는 첫째, 악을 허용함으로써 인간이 돌이킬 수 있는 기회를 제공하기 위함이다. 악과 고통은 우리가 하나님을 볼 수 있는 기회를 제공한다. 잘못할 때마다 즉시 처벌한다면 회개하고 돌이킬 시간과 기회가 없다. 하나님은 때때로 악하고 고통스러운 일을 통해 우리가 하나님께로 돌이킬 수 있는 기회를 주신다. 인생은 고통의 날이 없다면 대부분의 경우 하나님을 찾지 않는다. 어려움이 있고 고통이 있다는 것은 하나님을 만날 수 있는 기회라는 사실을 기억해야 한다.

둘째, 악을 선으로 바꾸실 것이기 때문이다. 하나님은 악을 선으로 바꾸신다. 인류가 저지른 악 중에서 최고의 악이 무엇일까? 그것은 인간이 하나님의 아들 예수님을 십자가에 못 박아 죽인 사건이다. 인간이 하나님을 죽였다. 이것은 최고의 악이다. 그런데 하나님께서 왜 이 일을 허용하셨을까? 하나님은 인간의 악함을 구원의 도구로 삼으셨다. 하나님은 최고의 악을 최고의 선으로 바꾸셨다. 억울한 일도 어쩌면 그것을 통해 우리의 유익으로 바꾸실 것이기 때문에 당분간 그 고통을 허락해 주셨을 수도 있다.

셋째, 고통스런 시간을 통해서 신앙을 성숙하게 만들기 위해서이다. 걸음마를 배우는 어린 아이가 넘어질 때마다 부모가 잡아주거나 매번 일으켜 세운다면 그 아이는 홀로 서기 어려울 것이다. 이와 마찬가지로 하나님은 악을 허용함으로써 우리의 신앙을 성숙하게 만들어 가신다. 로마서 5장 3~4절에서 사도 바울은 이렇게 말했다. "다만 이뿐 아니라 우리가 환난 중에도 즐거워하나니 이는 환난은 인내를, 인내는 연단을, 연단은 소망을 이루는 줄 앎이로다." 고통과 환난은 우리를 성숙하게 하는 하나님의 도구가 될 수 있다.

고통 속에
함께 하시는 하나님

하나님께 진정으로 감사하는 것은 고통의 시간에 우리와 함께 하신다는 사실이다. 예수께서 십자가의 고통을 경험하셨기에 고통 받는 우리 삶 한 가운데서 우리와 함께 하시고, 우리의 아픔에 동참하신다. 그렇기 때문에 고통과 아픔의 시간에도 하나님의 임재를 경험할 수 있고, 하나님을 좀 더 생생하게 경험할 수 있다.

그러므로 악과 고통은 하나님의 존재하심을 분명하게 알려 줄뿐만 아니라 우리의 아픔에 동행하는 하나님의 사랑을 경험할 수 있는 좋은 기회이다. 죄로 가득 찬 세상을 하나님의 공의로 심판하실 그 날이 다가오고 있다. 하나님은 비록 일시적으로 악을 허용하고 계시지만 반드시 심판하실 것이다. 심판의 날에 우리의 모든 행위는 하나님 앞에 낱낱이 드러날 것이다. 하나님 앞에 서는 날, 심판의 날에 하나님께 칭찬받는 사람이 되고 싶지 않는가? "참 잘 했다. 나의 충성된 종아!"라고 칭찬받을 그날을 생각하면서, 우리에게 맡겨진 사명에 집중하는 신실한 사람이 되길 바란다. 하나님은 우리의 고통 속에 함께 하신다.

제6장

죽음 이후에도 삶이 있는가?
(인간의 영혼은 과연 존재하는가?)

!

 '죽음 후에도 삶이 있을까요? 인간의 영혼은 과연 존재하는 걸까요?' 간혹 이런 질문을 던지는 사람을 만날 수 있다. 만약 이런 질문을 받았다면 어떻게 대답하겠는가? 이 경우 보통은 '죽어봐야 알 수 있다'라고 대답한다. 물론 죽으면 사후세계에 대해 확실하게 알 수 있을 것이다. 그러나 죽지 않고도 죽음 이후에 삶이 있다는 사실을 명확히 알 수 있다.

 전에 필자 아내의 직장 동료가 아내에게 '죽은 후에도 삶이 있다는 사실을 알게 된다면 예수를 믿겠다'고 말한 적이 있다. 필자는 그 분을 만나 두 시간 동안 죽음 후 삶에 대해 설명했다. 그 60대 여성은 필자의 설명을 주의 깊게 들은 후 필자에게 한 첫마디가 이것이었다. "내가 처녀 때부터 수 십 년 동안 가슴에 응어리져 있었던 것이 이제야 전부 풀렸습니다." 그 분은 그 자리에서 예수님을 구주로 영접하였다. 필자가 그분에게 무슨 이야기를 했는지 궁금하지 않는가? 과연 사람이 죽은 후에도 영혼은 살 수 있을까? 이 문제에 대한 답을 얻기 위해서는 인간의 영혼이 무엇인가에 대해 잘 이해해야한다.

인간의 영혼 soul 이란 무엇인가?

육체를 지닌 인간에게는 의식이 있고 영혼이 있다. 영혼은 인간의 본질적인 요소이다. 육체가 죽어도 영혼은 계속해서 살 수 있다. 영혼은 "육체를 제외한 모든 것"이다.[54] 우리에게서 육체를 제외하면 남는 것이 무엇인가? '나'라는 자의식이 있고, 나의 마음, 나의 정신, 나의 생각, 나의 감정 등과 같은 것들이 남는다. 그리고 영혼에는 나의 마음과 생각, 욕구와 뜻, 의지 같은 요소들이 포함되어 있다. 한마디로 나의 영혼은 나라는 자아를 말한다. 그래서 나의 영혼이 육체와 분리되었을 때도 나는 여전히 생각할 수 있고, 기억할 수 있고, 감정을 가지고 있을 수 있으며, '나는 누구인가'를 생각할 수 있다. 이렇게 나의 영혼은 나의 육체와 분리될 때도 여전히 존재할 수 있다.

육체와 영혼의 관계는 자동차와 운전자에 비유할 수 있다. 자동차는 인간의 육체로, 운전자는 영혼으로 볼 수 있다. 자동차를 움직이는 것은 운전자이듯이 육체를 지배하는 것은 영혼이다. 만일 자동차가 고장 난다면 운전자가 그 차를 움직일 수 없다. 마찬가지로, 신체의 일부분이 고장 난다면 영혼은 그 신체를 움직일 수 없다. 하지만, 고장 난 자동차 안에 있는 운전수는 여전히 자기 기능을 감당하고 있듯이 병든 육체 안에 있는 영혼은 여전히 존재하며 그 기능을 다하고 있는 것이다.

인간의 영혼은 자동차와 운전수가 분리되듯이 쉽게 분리되지 않는다. 이런 면에서 영혼과 육체의 관계는 소금물로 비유할 수 있다. 소금이 물에 녹으면 소금물이 된다. 이처럼 영혼이 육체에 온전히 연결되고 녹아있어 온전한 사람으로 기능한다. 소금이 소금물의 본질이듯이 영혼도 인간의 본질적 요소다. 소금물을 가열하면 물은 증발하고 소금만 남듯이, 육체가 쇠잔하면 영혼만 남는다. 따라서 육체와 영혼은 같은 것이 아니며 육체가 소멸되더라도 영혼은 계속해서 존재하며 보고 듣고 생각 할 수 있다.

물리주의자physicalist는
영혼의 존재를 부인한다

무신론자는 이 사실을 믿지 않는다. 특히 이 세상에 존재하는 것은 오직 물질뿐이라고 주장하는 자연주의 철학자와 진화론자는 영혼의 존재를 부인한다. 그래서 사람이 죽으면 모든 것이 끝난다고 생각한다. 좀 더 구체적으로, 일반 철학에서 물리주의자는 인간을 순전히 물질적인 존재로 본다.[55] 그들은 인간 영혼은 뇌의 기능에 불과하며, 인간의 의식 속에서 일어나는 생각, 감정, 고통 등은 단순히 뇌와 신경조직에서 일어나는 육체적 사건으로 여긴다. 따라서 물리주의자는 인간의 영혼이 따로 존재하지 않고, 뇌가 죽으면 의식은 존재하지 않으며, 죽음으로써 모든 것이 끝이라고 여긴다. 그러므로 물리주의자는 정신적 실체는 물리적 실체와 일치한다고 주장한다.[56] 결국 물리주의자는 인간의 뇌와 마음은 똑같고, 뇌와 영혼은 동일하다기 때문에 뇌가 죽으면 인간의 마음과 영혼은 사라지게 된다고 주장한다.

이런 무신론 철학의 배경 하에 천체 물리학자 스티븐 호킹은, "천국은 없다. 사후세계가 우리를 기다리고 있다는 믿음은 죽음을 두려워하는 사람을 위한 동화일 뿐이다. 마지막 순간 뇌가 깜빡거림을 멈추면 그 후엔 아무것도 없다. 뇌는 부속품이 고장 나면 작동을 멈추는 컴퓨터다. 고장 난 컴퓨터를 위해 마련된 천국은 없다."[57] 라고 주장하였던 것이다.

물질적 속성과 정신적 속성은 다르다

　물질적 속성과 정신적 속성은 동일한 것인가? 두 가지 속성이 같지 않다는 것을 우리는 어렵지 않게 알 수 있다. 정신적 속성은 개인적이며 주관적인 반면에 물질적 속성은 공개적이다. 사람은 주관성을 갖고 있기 때문에 누구도 생각 속에 들어와서 개인의 생각을 완전히 파악할 수는 없다. 하지만 물질인 컴퓨터는 실력만 있으면 누구나 컴퓨터 안에 들어있는 자료를 가져올 수 있다. 정신적 속성은 내적 성찰이 가능하지만, 물질적 속성은 내적 성찰이 불가능하다. 뿐만 아니라 물질적 속성은 감각을 가진다든지 생각하고 사랑하고 소망하는 특성을 가질 수 없다. 물질과 정신은 분명히 다르다.[58]
　여러분은 자신이 단순히 육체만이 아니라는 사실을 자각할 수 있을 것이다. 여러분은 자신의 자아가 있음을 인식할 수 있다. 나의 눈이 사물을 보는 것이 아니라, 나라는 자아가 눈을 통하여 사물을 보는 것이다. 이처럼 나는 단순히 물질이 아니다. 나의 뇌와 나의 자아는 동일하지 않다.

물리주의자가 주장하는 대로 만일 인간이 물질로만 구성되었다면, 물질체인 인간은 인간의 정체성을 올바르게 설명하지 못한다. 예를 들어 내가 쓰고 있는 책상의 다리 부분이 고장 나서 책상 다리를 모두 다른 것으로 교체했다고 가정해 보자. 며칠 후 또 책상의 윗부분인 책상 판이 마음에 들지 않아 다른 것으로 교체했다면, 이 책상은 며칠 전에 사용했던 책상과 동일한 책상일까? 다른 책상일까? 분명히 다른 책상이다. 이처럼 물질은 옛 부분을 새것으로 바꾸면 옛날 것과 다른 정체성을 가진다. 그런데 인간은 매 7년마다 거의 모든 세포 조직이 새로운 조직으로 바뀐다. 7년 전 나의 몸과 7년 후 나의 몸은 사실상 다른 것이다. 그렇다면 7년 전의 나와 지금의 나는 다른 존재인가? 어릴 때 나와 지금의 나는 다른 사람인가? 인간이 물질로만 존재한다면 7년 전의 나와 7년 후의 나는 달라야한다. 나를 나로 존재하게 하는 것은 물질체인 몸만이 아니다. 몸속에 내재하고 있는 정신(영혼)이 있기 때문에 몸의 변화에도 불구하고 여전히 나는 나일 수 있는 것이다.[59]

다음의 비유를 보자. "여기에 한 권의 책이 있습니다. 이 책은 오직 종이와 활자로 구성되어 있습니다. 따라서 모든 책은 종이와 활자입니다." 이러한 주장은 인간이 물질로만 구성되어 있다는 주장과 동일하다. 그렇다면 과연 책의 무엇을 책이라고 부르는가? 종이와 활자 때문이 아니라 책 속에 있는 내용, 즉 책 속에 있는 정신이 그 책의 본질인 것이다.

이와 마찬가지로, 인간을 인간되게 하는 것은 물질로 구성된 몸만이 아니다. 몸속에 내재되어 있는 인간의 정신(영혼) 때문에 인간이 인간됨을 누릴 수 있는 것이다. 인간이 고유하게 소유하고 있는 정신(영혼)은 각각 다르며, 이 정신(영혼)이 인간의 본질인 것이다. 그러므로 이 세상에는 오직 물질만이 존재하며, 인간도 물질로만 구성되어있다는 물질주의자의 주장은 우리가 사는 세계에 대해 올바른 시각을 제시해 주지 못한다.

물질주의는 인간 영혼의
기원을 설명할 수 없다

많은 과학자들이 물질에서 정신이 나왔다는 가정 아래 뇌와 정신의 관계를 연구했지만, 그들의 연구 결과는 물질과 정신이 동일하다거나 물질에서 정신이 나왔다는 것을 밝혀 낼 수 없었다. 물리주의자이며 미국 UC 버클리 대학의 철학교수인 존 썰 John R.Searle 은 이렇게 말한다. "뇌가 어떻게 의식을 일으키는지 설명하는 적합한 이론은 없고, 의식이 우주에서 어떤 자리를 차지하는지에 대한 적합한 이론도 없다."[60] 이처럼 뇌와 정신의 관계를 알 수 없다고 한다. 물질주의적 심리 철학자 코린 맥긴 Colin McGinn 도 물리주의 입장에서 인간 의식의 문제를 해결할 수 없음을 말한다. 그는 인간 의식은 '이해할 수 없는 하나의 기적'이라고 한다.[61] 맥긴은 다음과 같이 명확하게 밝힌다. "우리는 어떻게 해서 빅뱅이 중력의 힘에 의해서 별과 은하계를 만들었는지에 대한 좋은 아이디어를 가지고 있다. 그러나 우리는 어떻게 해서 팽창하는 물질 덩어리가 의식적인 생명체로 발전되었는지에 관해 설명해 줄 수 있는 적합한 힘에 대해서 아는 바가 없다."[62] 뿐만 아니라 진화론 철학자 마이클 루즈 Michael Ruse 는 "원자 다발이 왜 생각하는 능력이 있어야 할까? 다윈주의자는 물론 이 문제에 대해 답을 가진 이는 아무도 없는 듯하다. 내 말은 과학적 답변은 없다는 것이다."[63]라고 말했다. 또한 저명한 무신론 철학자 토마스 네이글 Thomas Nagel 은 그의 최근 책 『마음과 우주』 Mind & Cosmos 에서 '물질과 마음이 동일하며 물질에서 마음이 나왔다'는 신다윈주의의 가설들이 거의 확실히 실패하였음을 자세하게 논증하고 있다.[64] 다시 말해서 지금까지의 연구 결과에 따르면 인간은 육체뿐만 아니라 눈에 보이지 않는 마음(영혼)이 육체와 독립적으로 존재한다는 것이 훨씬 더 설득력을 얻어가고 있다.

이와 같이, 지난 수 십 년 동안 무신론자나 진화론자는 뇌와 영혼이 동일하다거나 물질에서 정신이 나왔다는 주장을 뒷받침할 수 있는 학문적 근거를 발견할 수 없었다. 물질은 이 세상에 존재하고 있는 인간의 영혼, 이성, 생각, 마음, 수학적 진리, 도덕 등의 기원을 설명해 주지 못한다.

그러나 기독교 세계관은 물질과 정신의 관계를 잘 설명할 수 있다. 물질은 정신과 다르며, 인간의 의식은 더 큰 의식인 인격체 하나님으로부터 나왔기 때문에 영혼이 육체와 분리되어도 계속해서 살 수 있다. 여기에 대해 저명한 기독교 철학자 J. P. 모어랜드Moreland는 다음과 같이 설명한다.

> 모든 증거에 부합하는 설명이 있습니다. 그것은 우리 의식이 더 큰 의식에서 나왔다는 겁니다. 보십시오. 기독교 세계관은 생각과 감정, 믿음과 욕구, 선택으로 시작합니다. 하나님은 의식을 가진 분입니다. 하나님께는 생각이 있고 믿음이 있고 욕구가 있고 인식이 있습니다. 그분은 살아 계시며 목적을 가지고 행동하십니다. 우리는 거기서 출발합니다. 우리가 하나님의 마음에서 출발하기 때문에 우리 마음의 기원을 설명하는데 아무 문제가 없습니다.[65]

모어랜드 교수의 주장처럼, 인간의 마음과 이성이 물질을 초월한 하나님으로부터 나왔다고 볼 때 가장 자연스럽게 영혼의 기원을 설명해 줄 수 있다. 그러나 지금까지 살펴본 바대로, 인간의 영혼이 뇌의 기능에 불과하며, 뇌가 죽으면 인간의 영혼은 존재하지 않는다고 주장하는 물리주의자의 주장을 믿을만한 근거를 발견할 수 없다. 오히려, 인간의 영혼은 육체가 죽은 후에도 계속해서 존재할 수 있다는 기독교 세계관이 훨씬 더 합당하다고 말할 수 있다.

인간 영혼의 존재에 대한 과학적 증거

인간의 영혼은 육체가 죽은 후에도 계속해서 살 수 있다. 다시 말해, 인간의 영혼은 육체와 분리된 상태에서도 보고, 듣고, 생각하고, 기억할 수 있다. 그렇다면 이 주장에 대한 과학적인 증거가 있는가? 그렇다. 인간의 영혼이 육체가 죽은 후에도 계속해서 존재할 수 있다는 과학적이고 경험적인 증거가 있다. 그 증거는 죽음을 경험하는 것, 즉 임사경험 Near-Death Experience 이다. 의술이 발달되기 전에는 죽었다가 다시 살아나는 경우가 드물었지만, 요즘은 심폐소생술이 매우 발달되어 있다. 임사경험은 심장마비 또는 뇌가 완전히 죽은 상태에서 다시 의식이 돌아온 것을 말한다. 어떤 사람은 심장이 멈춰서 숨을 쉬지 못하고, 뇌파가 전혀 없는 상태에서 다시 살아난 사람이 있다. 러시아 과학자 네고브스키Negovskii에 의하면, 사람의 심장이 멈춘 후 5분에서 6분이 지나면 다시 소생하지 못한다고 한다. 그래서 그것을 의학적으로 죽었다고 판정한다. 그런데 어떤 사람은 심장이 멈춘 후 6분, 10분, 30분, 심지어 3시간 만에 의식이 돌아온 사람들도 있다.

그렇다면 과연 몇 명이나 임사경험을 했을까? 약 30년 전, 미국의 갤럽이 조사한 통계자료에 의하면, 약 2천 3백만 명이 임사경험을 했다고 한다.[66] 이 숫자는 당시 한국 인구의 절반에 해당한다. 30년이 지난 지금은 거의 한국 전체 인구와 맞먹을 만큼 많은 사람이 임사경험을 했다고 볼 수 있다. 그러니까, 심장이 멈추고 뇌파가 없는 상태에서 다시 살아난 사람이 이처럼 많다는 것이다. 이것은 소수 몇 명만 경험하는 것이 아니라 대중화된 경험이라고 볼 수 있다. 흥미로운 사실은 임사 경험을 한 사람 중에서 약 40%가 살아나기 전까지 뭔가를 보았다고 증언하고 있다는 것이다.

그런데 여기서 의문시 되는 것은, 과연 그들이 보았다는 것을 믿을 수 있는가?라는 점이다. 어떤 사람은 천국을 보았다고 하고 또 다른 사람은 지옥을 봤다고 주장할 때, 그들의 진술이 사실이라는 것을 어떻게 확증할 수 있겠는가 말이다. 설혹 그들의 진술이 사실이라 하더라도, 그것을 증명할 방법이 없다.

따라서 필자는 천국과 지옥을 보았다는 사람의 증언은 다루지 않는다. 여기서 다루는 것은 임사경험 후 의식이 돌아왔을 때, 자신이 죽어있던 시간 동안 진행된 사건을 정확하게 기억하고 진술할 수 있는 사례만 다룬다. 어떤 사람은 의학적으로 죽은 상태에서 다시 의식이 돌아올 때까지 일어난 주변 상황을 정확하게 보고했다. 예를 들어, 어떤 사람이 심장마비로 죽어서 약 30분 후에 다시 살아났는데, 누가 자기를 구했고, 어떻게 병원에 실려 갔으며, 병원에서 무슨 일이 일어났는가에 대해 모두 다 말할 수 있었다. 심장이 멈추었고 뇌파가 없는 상태에서 그 모든 상황을 정확히 기억하고 있었던 것이다. 철학자 게리 하버마스 박사가 쓴, 『죽음 이후』*Beyond Death* 라는 책에 보면, 다음과 같이 실제 케이스를 소개하고 있다.

"심박정지 cardiac arrest 로 고통 받은 11살 소년이 있었다. 그가 병원에 있을 때, 적어도 20분 동안 심장 박동이 멈추었다. 그 시간 동안 소년은 병실 천장에서 자기의 몸을 내려다볼 수 있었다. 뿐만 아니라, 의사들과 간호사들의 대화 내용과 행동을 다 듣고 관찰할 수 있었다. 소년이 회복된 후에 그는 정확하게 응급처치의 과정을 설명하였고, 응급실에 있는 장비의 위치와 색깔들을 말하였다. 또한 병원 직원의 성별과 심지어 그들의 대화마저도 그대로 다 보고 하였다."[67]

이처럼 심장과 뇌가 멈춰서 의학적으로는 죽은 상태인데 주위에서 일어난 일을 모두 기억하고 보고하는 사례가 많이 있다. 특히 네덜란드 심장전문의 핌 반 롬멜 Pim van Lommel 박사는 논문 심사가 까다롭기로 유명한 세계적인 의학 학술지 란셋 The Lance 에 임사체험 사례자를 분석하여 연구한 결과를 2001년에 발표하였다. 그는 "심장 정지 후 다시 살아난 임사 체험자"라는 제목으로 연구결과를 발표했는데, 1988년부터 1992년까지 약 4년 동안에 진행한 연구였다. 그는 네덜란드 병원에서 심장이 멈춰서 죽었다가 기적같이 다시 살아난 심장마비 환자 344명을 대상으로 연구하였다. 그 결과 62명(18%)의 환자가 자신이 죽는 순간을 기억하였고, 41명(12%)의 환자는 자신이 죽었다가 다시 살아날 때까지 주위에서 일어났던 모든 일을 생생하게 기억하였다고 한다.[68] 이 외에도 이러한 과학적 통계자료는 많이 구할 수 있다.[69] 의학적으로 인간의 심장이 멈춘 후 약 15~20초가 지나면 뇌의 기능이 완전히 멈춘다고 한다. 그런데 임사체험자들은 뇌가 멈춘 지 수 십 분에서 몇 시간 후에 다시 살아나서 자신이 그동안 보고 들었던 내용을 정확하게 말하였다고 한다.

이러한 과학적 사실은 우리에게 무엇을 말해주고 있는가? 뇌가 죽었고 심장이 멈춰서 죽었는데 어떻게 주변상황을 모두 기억할 수 있었을까? 뇌의 기능이 멈췄는데도 불구하고 어떻게 의식을 가질 수 있었을까? 그것은 인간의 영혼이 육체와 분리된 상태에서도 살 수 있다는 사실을 강력하게 증거 해 주는 것이다. 이러한 과학적 통계자료는 인간의 영혼은 뇌와 동일하지 않다는 사실을 말해 준다. 이러한 증거는 '모든 것이 물질로만 되어 있다' 그리고 '인간의 뇌가 죽으면 영혼도 죽는다'고 주장하는 물리주의자들에게 상당한 충격을 던져준다.

인간은 육체 덩어리와 신경조직체로만 이루어진 물질이 아니다. 인간은 육체와 영혼으로 구성되어 있다. 인간의 육체는 죽어도 영혼은 계속해서 살 수 있다. 신약성경 히브리서 9장 27절에 보면, "한번 죽는 것은 사람에게 정하신 것이요 그 후에는 심판이 있으리니"라고 기록되어 있다. 예수께서도 요한복음 6장 27절에서, "너희는 썩을 양식을 얻으려고 일하지 말고 영원한 생명에 이르게 하는 양식을 위해 일하여라."고 말씀하셨다.

우리 인생은 이 세상의 삶이 전부가 아니다. 우리에게는 이 세상 뿐만 아니라 죽음 후에도 삶이 있다. 우리가 이 세상의 삶에 최선을 다 하면서 살아야 하겠지만, 이 세상을 창조하신 하나님 앞에 섰을 때, 부끄럽지 않는 올바른 삶, 영원한 삶의 목적을 위해서 살아야 하지 않겠는가? 오늘 우리는 우리 삶의 목적을 다시 한 번 점검해 보아야 하겠다. 마치 이 세상이 전부인 것처럼 살아가고 있지 않는가?

영원한 삶, 그리고 희망!

천체 물리학자 스티븐 호킹이 영국 일간지 가디언과 한 인터뷰를 기억하는가? "천국은 없다. 사후세계가 우리를 기다리고 있다는 믿음은 죽음을 두려워하는 사람을 위한 동화일 뿐이다. 마지막 순간 뇌가 깜빡거림을 멈추면 그 후엔 아무것도 없다. 뇌는 부속품이 고장 나면 작동을 멈추는 컴퓨터. 고장 난 컴퓨터를 위해 마련된 천국은 없다."[70] 이러한 호킹의 주장은 철학적으로나 과학적으로도 뒷받침 될 수 없다. 오히려 현대 철학과 과학적 증거는 '인간의 영혼은 육체와 분리되어도 존재할 수 있으며, 죽음 이후에도 삶이 있다'는 사실을 명확하게 지지해 주고 있다.

뿐만 아니라, 성경은 죽음 이후에도 인간이 영원히 살 수 있다고 말한다. 영원한 삶의 증거가 바로 예수님의 부활이다. 우리는 하나님의 아들이신 예수 그리스도의 부활을 통하여 죽음을 이기고 다시 살 수 있는 희망을 보게 된다. 예수께서 말씀하신다.

"나는 부활이요 생명이니 나를 믿는 자는 죽어도 살겠고, 무릇 살아서 나를 믿는 자는 영원히 죽지 아니하리니 이것을 네가 믿느냐" (요 11:25~26)

예수 믿는 사람에게는 영원한 삶의 소망이 있다. 그리스도인에게는 죽음이 끝이 아니다. 그렇기 때문에 우리는 이 세상의 삶에 최선을 다하면서도 항상 하나님의 나라를 바라보아야 한다. 사라지지 않고 없어지지 않을 영원한 소망을 바라보며 살아야 한다. 예수님의 부활을 믿고 영생의 삶을 알기 때문에 순간적인 것이 아니라 영원한 것을 바라보고, 영원한 하나님 나라를 위해 자신의 모든 것을 헌신하는 사람은 참으로 복된 사람일 것이다. 당신에게는 이러한 영생의 소망, 부활의 소망이 있는가?

나가는 말

하나님과의 사귐이 행복이다

하나님의 존재를 믿을 근거는 많다!

지금까지 우리는 하나님의 존재하심에 대해 살펴보았다. 최소한 '하나님은 존재하지 않는다'는 주장보다 '하나님은 존재한다'는 주장을 믿을 합리적인 이유가 더 많다. 따라서 지성적인 이유 때문에 하나님을 믿지 못할 근거는 없다. 도리어 지성적이고 합리적인 사고를 하는 사람이라면 진지하게 하나님의 존재에 대해 살펴보고 따져보는 것이 바람직한 태도일 것이다.

선택과 결단이 필요하다!

자신의 삶을 온전히 하나님께 의지할 것인가? 아니면, 아직도 의심과 불신 가운데서 하나님을 거부하거나 미지근한 태도와 영적 게으름으로 실제적인 불신앙 가운데 살 것인가? 판단과 의지적 결단은 여러분께 달렸다.

사실 창조주 하나님을 믿는 것과 우상을 믿는 것은 엄청난 차이가 있다. 어느 마을에 큰 나무가 있어 많은 사람들이 그 그늘에서 쉬기도 하지만 그 나무 밑에서는 종종 굿판이 벌어지기도 했다. 만일 나무신에게 굿하기 싫다면 마을을 떠나면 된다. 마을을 떠나 다른 도시에 살면 나무신의 영향권에서 벗어나게 될 것이다. 또 만일 바다의 신을 섬기거나 산의 신을 섬긴다고 해도 그의 영향권에서 벗어나려 한다면 그곳을 떠나면 된다. 바다에 가지 않으면 되고 산에 올라가지 않으면 된다.

하지만 창조주 하나님은 다르다. 하나님은 온 우주를 그 분의 뜻 가운데 창조하셨고, 지금도 그분의 능력으로 운행하시기 때문에 하나님의 영향력은 전 우주에 미친다. 또한 하나님은 우리의 운명에 절대적 영향을 끼치는 분이다. 하나님이 우주를 만들었고 인생을 지으셨기 때문에 그분의 목적에 맞는 삶이 가장 이치에 맞는 삶이고, 아름다운 삶이다. 따라서 하나님을 믿는 것은 인생의 근본적인 문제이고, 인생의 참된 목적과 깊이 관련되어 있으며, 우리의 영원한 운명과 깊이 연결되어 있다. 따라서 하나님과의 사귐이 있느냐? 없느냐는 우리의 근본적인 문제와 직결되어 있는 것이다.

하나님은 당신을 사랑하신다!
성경에 의하면, 창조주 하나님이 인간을 사랑하셔서 이 세상에 찾아오셨다고 한다. 그리고 그 분의 생명을 드림으로써 우리의 죄를 용서해 주셨다. 우리의 죄 때문에 하나님과 우리가 분리 되었지만, 하나님 아들의 죽음 때문에 하나님과 우리가 연결되었다. 그 아들이 십자가에서 흘리신 피로 인하여 우리의 죄악을 용서해 주셨다. 하나님은 그의 생명을 바쳐서 우리에게 영원한 생명을 주셨다.

하나님이 세상을 이처럼 사랑하사 독생자를 주셨으니 이는 그를 믿는 자마다 멸망하지 않고 영생을 얻게 하려 하심이라. (요 3:16)

하나님의 사랑이 우리에게 이렇게 나타난바 되었으니 하나님이 자기의 독생자를 세상에 보내심은 그로 말미암아 우리를 살리려 하심이라. 사랑은 여기 있으니 우리가 하나님을 사랑한 것이 아니요 하나님이 우리를 사랑하사 우리 죄를 속하기 위하여 화목 제물로 그 아들을 보내셨음이라. (요일 4:9~10)

하나님은 하나님의 생명으로 우리를 살리고자 하신다. 하나님의 생명으로 하나님과 영원히 분리되어 지옥의 고통 속에서 살아가야 될 우리를 살려주신다. 하나님이 먼저 생명과 영생의 길을 여셨다. 하나님을 떠나서 자신이 주인되어 살아가는 삶이 영원한 죽음으로 가는 길이다. 그 반면에 창조주 하나님을 인생의 주인으로 모시고 그분과 인격적인 교제를 맺는 것이 구원이요. 영원한 삶의 시작이 되는 것이다.

만일 당신의 삶이 하나님을 떠나서 자기 자신이 주인되어 살아 왔다면, 하나님께로 돌이키는 것이 필요하다. 이 시간 하나님께 겸손한 마음으로 이렇게 요청해 보라.

"하나님, 제게 하나님이 필요합니다. 저 자신이 제 인생의 주인이 되어서 내 마음대로 살아온 삶을 하나님 앞에 회개합니다. 하나님이 제 인생의 주인이 되어 주십시오."

만일 당신이 하나님 앞에서 진지하게 이 기도를 하였다면, 하나님은 겸손하고 가난한 심령에 반드시 찾아오실 것이다. 그 사랑의 하나님을 경험하고 그 분과의 인격적인 깊은 사귐을 가져 보라. 이것이 참된 행복의 시작이다.

행복한 삶으로의 초대

인간은 행복을 추구한다. 웹스터 사전 Webster's Dictionary 에 의하면 행복이란 '즐거운 만족의 감각'이라고 정의한다. 현대인에게 있어서 행복이란 즐거운 만족감 또는 즐거운 감정이다. 그래서 많은 사람은 즐거운 만족감을 추구하고 즐거운 감정을 누리기를 갈망하면서 감각적 행복을 추구한다. 하지만 대부분의 사람은 즐거운 감정을 누리는 행복을 찾지 못한다. 왜냐하면 이런 행복은 외부의 환경에 따라 결정되기 때문이다.

행복에 대해 연구한 학자들 중에 마틴 세리그맨Martin Seligman이라는 사람이 있다. 그의 연구에 의하면, 1980년대 후반, 미국 베이비부머 세대는 그 부모 세대보다도 약 10배 정도 더 많은 우울증 증세를 보였다고 한다. 왜 생활환경이 더 좋은 베이비부머 세대가 그들의 부모세대 보다 더 많은 정신적 질환에 시달리게 되었을까? 그 이유에 대해 세리그맨이 살펴보았다. 베이비부머 세대는 아침부터 저녁까지 주로 자기 자신만을 위해 살았다고 한다. 혼자 운동하거나 취미활동을 하고, 쇼핑하면서 맛있는 식사를 하고, 자신의 즐거

운 만족감을 채우기 위해 대부분의 시간을 사용했다고 한다. 자녀도 중요하고 가정도 중요하지만 그보다는 자신의 삶이 더 중요했다는 것이다. 이러한 삶의 형태가 즐거움 대신 우울증 증세를 더 많이 가져왔다고 한다.[71]

하지만 그들의 부모 세대는 하루 중 대부분의 시간에 자녀를 양육하고, 교회를 위해 시간을 쓰고, 사회를 위해 봉사하고, 나라를 염려하면서 보냈다고 한다. 부모 세대는 자기 자신보다 가정을, 자신보다 교회와 국가를 더 염려하면서 시간을 사용했다는 것이다. 그러나 그들은 정신적으로 매우 건강하였다.

이러한 사실이 우리에게 무엇을 말해주는가? 인간이 행복해지는 길은 자신을 섬기는 것이나 자기만족을 추구하거나, 자신의 편안한 삶을 위해서 살아가는데 있지 않다는 것이다. 공허한 자아를 섬기면 섬길수록 행복은 자신의 삶에서 점점 멀어진다는 사실이다. 인간은 자기 자신의 감각적 만족을 위해 살아서는 결코 행복을 맛볼 수 없다.

진정 행복해지는 비결은 자신을 섬기는데 있지 않다. 도리어 자신을 초월해서 인생을 향한 하나님의 목적을 발견하고, 하나님과 사귀면서 나를 향한 하나님의 목적대로 살아갈 때, 진정한 행복을 누릴 수 있는 것이다. 다시 말해서, 인간의 행복은 창조주 하나님과의 깊은 사귐을 통해서 발견할 수 있다. 자신보다 더 큰 하나님의 목적에 붙잡힐 때 행복할 수 있다.

  하나님과의 사귐 속에 사는 삶은 자기중심의 삶에서 하나님 중심의 삶으로 변화되는 것이다. 하나님과의 사귐은 자기중심의 삶에서 타인 중심의 삶으로 전환되게 한다. 진정으로 행복한 삶을 살고 싶은가? 하나님과의 깊은 사귐으로 나아가자. 그리고 그분과의 깊은 사귐 속에서 당신을 향한 하나님의 목적을 이루는 삶을 살 때 참으로 행복한 삶을 살게 된다. 하나님은 기쁨과 행복의 근원이시다. 하나님께서 당신을 행복으로 초대하고 있다. 그 초대에 어떻게 답할 것인가? 당신의 선택에 달려 있다. 다함께 겸손한 마음으로 하나님께로 나아가자. 참된 행복이 우리를 부른다.

> 예수께서 서서 외쳐 이르시되 누구든지 목마르거든 내게로 와서 마시라. 나를 믿는 자는 성경에 이름과 같이 그 배에서 생수의 강이 흘러나오리라. (요 7:37-38)

부록

우주와 하나님에 관한
일곱 가지 질문

우주와 하나님에 대한 여러 가지 의문들 중에서 오늘날 현대 과학의 발전과 더불어 제기 되는 질문들은 다음과 같다. 우주는 왜 미세 조정 되어 있는가? 중력의 법칙이 우주를 창조할 수 있는가? 왜 수많은 별을 만드셨는가? 다중우주가 우주를 스스로 만들었는가? 우주에 대한 과학적 질문과 종교적 질문, 하나님은 물질인가, 인격인가, 그리고 하나님은 누가 만들었는가에 대해서 살펴보도록 하겠다.

질문 1

우주는 왜 미세조정fine-tuning되어 있는가?

    우주는 정교한 질서와 법칙들에 의해 유지되고 있다. 현대 천문학이 발전하면 할수록 우주의 신비로움에 놀라움을 금치 못한다. 지구의 자전 속도는 얼마일까? 적도를 기준으로 볼 때, 1초에 약 463미터를 돈다. 지구가 태양 주위를 도는 공전 속도는 어떨까? 1초에 약 29.8킬로미터의 속도로 날아간다. 즉 총알의 빠르기보다 무려 30배에 가까운 속도로 우주를 날아가고 있는 것이다. 하지만 우리는 전혀 어지럽지 않다. 무신론자를 포함한 모든 우주 과학자들이 놀라는 것은 '우주는 정교한 조율과 질서 속에서 생겨났고, 지금도 그 미세조정fine-tuning을 유지하고 있다'는 것이다. 하나님의 우주 창조를 부정하는 스티븐 호킹 조차 우주가 정교하게 조정되어 있다는 사실에 경이감을 나타낸다. 그는 『위대한 설계』에서 "자연의 법칙들은 극도로 정밀하게 조정된 시스템을 이룬다. 물리법칙들이 놀랄 만큼 정밀하게 조정되어 있지 않았다면 인간이나 그와 유사한 생물은 절대로 탄생할 수 없었을 것이다"[72]라고 말한다. 그는 질문한다. "우리는 이 우주가 이토록 정밀하게 조정되어 있다는 사실을 어떻게 이해해야 할까?"

우주가 미세하게 조정되어 있는 예는 너무나 많다. 우주의 기본 상수들 즉, 강력, 약력, 중력, 전자기력, 엔트로피 수준 등을 비롯한 스무 가지 이상의 상수들이 놀라울 정도로 일정한 값을 유지하고 있다. 우주 상수들은 우주 시작 때부터 지금까지 일정하게 유지되고 있다. 그 결과 우주에는 생명체가 존재할 수 있었다. 우주 상수에 관련해 물리학자 폴 데이비스는 "중력이 그렇게 놀라운 정확도를 가진 알맞은 숫자인 것은 우주론에 있어 가장 신비한 일 중 하나이다."[73]라고 말한다. 우주는 매우 정교하게 조정되어 있으며, 그 상수값이 조금이라도 커졌거나 작아졌더라면 우주에는 생명체가 존재하지 않았을 것이다.

이렇게 절묘한 우주의 미세조정을 어떻게 이해해야 할까? 우주 상수들은 우주가 무無로부터 생겨난 처음부터 이미 미세하게 조정

되어 있었다. 그렇다면 과연 어떻게 이 법칙들이 생겨났을까? 그 해답엔 세 가지 가능성이 있다.

첫째, 물리적 필연성이다. 이 입장은 우주에는 반드시 생명체가 있어야만 한다는 것이다. 생명체가 없는 우주는 물리적으로 불가능하다고 본다. 하지만, 만약 우주의 상수들이 조금이라도 바뀐다면 생명체는 존재할 수 없게 된다. 예컨대, 중력이 지금보다 1인치만 커지거나 작아지더라도 우주엔 고등 생명체가 존재할 수 없다. 우주 상수의 변화에 따라 생명체의 유무가 결정되기 때문에 우주에 반드시 생명체가 존재해야만 한다는 필연성은 없는 것이다.

둘째, 우연이다. 우연히 우주의 미세 조정이 생겨났고 지금까지 유지되고 있다는 입장이다. 하지만 우연을 미세조정의 원인으로 보기엔 우주는 너무나 복잡하고 구체적이다. 여기에 대해 현대 물리학의 대부인 앨런 샌디지(Allan Sandage)는 이렇게 말한다. "우주는 우연으로만 이루어졌다고 하기에는 그 구성 요소와 상호관련성에 있어서 너무도 복잡하다."

셋째, 우주 미세 조정의 유일한 해답은 지적 설계자이다. 우주는 지성적으로 설계되어 있다. 지성적 설계는 지성적 존재 없이는 불가능하다. 따라서 정교하게 조정된 우주는 지성을 가진 하나님이 설계했다고 보는 것이 가장 합리적이다.

하나님은 우주에 생명체가 살 수 있도록 설계하셨다. 그 놀라운 설계 가운데 당신도 포함되어 있다. 하나님은 당신의 삶을 세심하게 인도하신다. 하지만 나의 삶과 우주의 미세 조정이 다른 점은 우주의 상수는 결정되어 있지만 내 삶은 하나님의 음성에 귀 기울이고 순종할 때 새롭게 창조될 수 있다.

중력의 법칙이 우주를 창조할 수 있는가?

천체 물리학자 스티븐 호킹은 '신이 우주를 만들지 않았다'고 주장한다. 호킹은 그의 책 『위대한 설계』에서 다음과 같은 우주의 근본적인 질문에 대한 대답을 시도한다. 이 세상에는 "왜 무無가 아니라 무엇인가가 있을까?" "왜 우리는 존재하는가?" 이 세상에는 "왜 다른 법칙들이 아니라 특정한 법칙들이 존재하는가?" 이 책에서 호킹은 우주와 인생의 철학적인 질문에 대한 해답을 찾고자 하였다. 그는 자연법칙으로 미세하게 조정되어 있는 거대한 우주는 하나님이 만든 것이 아니라 '중력과 같은 법칙이 있기 때문에 무無로부터 창조될 수 있었다'고 결론 맺는다.[74] 다시 말해서 우주는 중력의 법칙에 의해서 자발적으로 창조되었다고 한다.

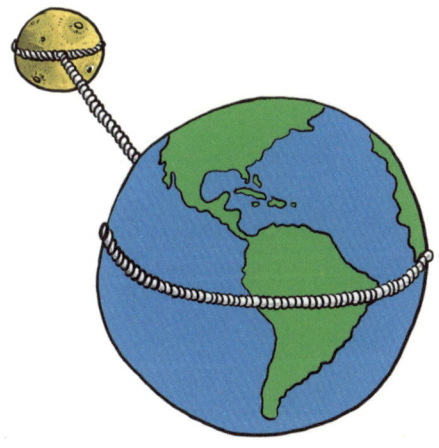

스티븐 호킹의 이러한 주장은 과연 타당한가? 그의 주장은 다음 몇 가지 이유로 어렵지 않게 반박될 수 있다. 첫째, 중력의 법칙 자체는 인과력因果力이 없다. 중력이란 질량을 가진 두 물체 사이에 작용하는 힘을 말한다. 중력의 법칙은 자연 현상에 대한 묘사이며 설명이다. 물리적 법칙은 주어진 특정 조건들 속에서 어떤 현상들이 발생하는가에 대한 예측과 설명일 뿐이다. 이러한 물리적 법칙은 그 어떠한 것도 창조해내지 못한다. 예를 들어 '태양은 동쪽에서 떠서 서쪽으로 진다'는 자연 법칙이 있다. 이 법칙 자체가 태양과 지구를 만들어 낼 수 없다. 단지 그 현상에 대한 설명일 뿐이다. 마찬가지로, 중력의 법칙도 자연현상에 대한 설명으로서, 어떤 것을 창조할 능력이 없을 뿐만 아니라 그 어떠한 원인도 제공할 수 없다. 이것은 1+1=2라는 수학 법칙 그 자체가 아무것도 만들어 낼 수 없는 것과 동일한 원리인 것이다.

둘째, 중력의 법칙은 물질체가 없는 상태에서 성립하기 어렵다. 중력의 법칙은 어떤 형태의 물질이라도 존재할 때만 가능한 것이다. 그런데 호킹은 우주 창조 이전에는 아무런 물질도 없었다고 말한다. 호킹은 그가 쓴 다른 책에서 "우주는 문자 그대로 무無로부터 창조되었다고 할 수 있다. 그냥 단순히 진공에서부터가 아니라 절대적으로 아무 것도 없는 무無로부터 나왔다"[75]라고 주장했다. 따라서 우주 창조 이전의 상태가 물질이 전혀 없는 절대 무無의 상태라면 중력의 법칙이 성립될 수 없다.

셋째, 호킹의 주장은 순환논리에 빠져있다. 호킹는 『위대한 설계』에서 '왜 우주가 존재하는가?' "왜 다른 법칙들이 아니라 이 특정한 법칙들이 존재하는가?"라는 질문에 답을 찾고자 했다. 그는 그 해답으로 "중력의 법칙이 존재하기 때문이다"[76]라고 말한다. 다시 말해서, 왜 중력의 법칙이 존재하는가?에 대한 해답으로 "중력의 법칙이 존재하기 때문이다"라고 말한다. 이것은 아무 의미가 없는 해답이다. 현대 천문학의 아버지 앨런 샌디지는 '왜 이 세상에 무$_無$가 아니라 무엇이 존재하는가?'에 대한 질문에 이렇게 답한다. "하나님만이 존재의 기적에 대한 유일한 설명이다."[77]

왜 수많은 별을 만드셨는가?

이런 의문이 생기지 않는가? 하나님이 이 세상을 창조하셨다면 왜 수많은 별들을 만드셨는가? 지구 하나만 만들 수도 있었을 텐데. 참으로 궁금하다. 사실 우주에는 셀 수 없이 많은 행성과 위성들이 있다. 망원경을 통해 관측할 수 있는 별의 수는 지구 전체의 해변과 사막에 있는 모래알 수보다 10배나 많다고 영국의 BBC방송이 호주 천문학자의 발표를 인용하여 보도한 적이 있다. 우주에 관한 사진을 한 번이라도 본 적이 있다면 우주의 광대함에 그저 놀랄 뿐이다. 게다가 이 광활한 우주에 정교한 질서가 존재한다는 사실을 알게 된다면 할 말을 잃을 것이다.

최근 우주를 연구하는 과학자들 중에서 몇몇 과학자가 지구에 생명체가 존재하기 위해서는 거대한 우주가 꼭 필요하다고 주장하였다. 유명한 과학 저널 '사이언티픽 아메리칸'의 표지 모델로 선정되었던 천문학자 길레모 곤잘레스 Guillermo Gonzalez 는 그의 연구에서 광활한 우주 가운데 지구가 생명체 생존에 가장 적합한 조건을 갖추고 있다는 과학적 증거들을 제시하였다. 태양계 내에서 지구의 위치가 매우 중요하듯이, 우리은하에서 태양계는 생명체가 살기에

가장 적합한 위치로 설계되어 있다고 한다.[78]

또한 천문학자 휴 로스~Hugh Ross~는 지구에 생명체가 지금의 형태로 발생하기 위해서는 우리은하, 태양, 지구 그리고 달의 시스템이 정확하게 현재의 형태로 조율되어 있어야만 가능하다고 했다. 그는 우주에서 태양계의 형태와 크기, 위치, 별들의 숫자, 산소량 등이 정확한 비율로 조정되어 있어야 지구에 현재 형태의 생명체가 출현하는 것이 가능하다는 과학적 증거를 66가지 이상 제시하고 있다.[79] 그래서 이 과학자들은 광대한 우주 가운데 유일하게 지구에만 생명체가 풍성히 탄생될 수 있도록 독특하게 설계되어 있다고 밝혔다.

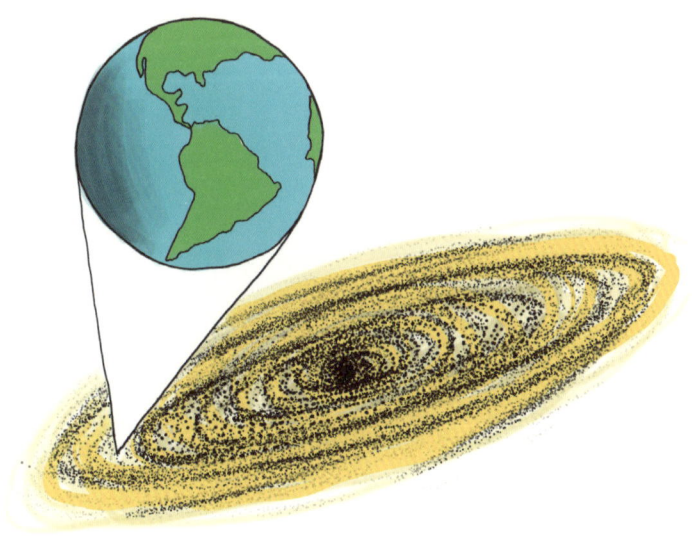

이러한 사실에 근거해 볼 때 '왜 우주에 이렇게 많은 별들이 존재하는가?'라는 질문에 대한 답을 발견할 수 있다. 그것은 하나님께서 지구에 생명체를 창조하기 위해 수천억 개 이상의 은하계를 창조하셨다는 것이다. 지구에 생명체를 탄생시키기 위해서 하나님은 광활한 우주를 배경 화면으로 사용하셨다. 비록 우주 몇 몇 곳에서 생명체의 존재 가능성이 발견된다 할지라도 지구는 생명 탄생을 위한 완전한 환경을 갖춘 특혜 받은 존재임에 틀림없다.

다중우주 Multiverse 가 우주를 스스로 만들었는가?

천체 물리학자 스티븐 호킹 Stephen Hawking 은 그의 책 『위대한 설계』에서 우주의 상수들은 매우 정교하게 조정되어 있다고 주장한다. "우리의 우주와 그곳의 법칙들은 우리를 지탱하기 위해서 맞춤형으로 설계된 것처럼 보인다. 우리가 존재하려면, 그 설계를 변경할 여지는 거의 없을 듯하다."[80] 이처럼 호킹은 우리 우주가 생명을 창조할 수 있도록 미세조정 fine-tuning 되어 있음을 인정한다.

그렇다면 왜 우주의 법칙들이 생명이 태어날 수 있도록 미세조정 되어 있는가? 여기에 대한 해답으로 유신론자들은 지적인 설계자인 창조주 하나님이 우주 상수를 비롯한 우주의 모든 자연 법칙들을 정교하게 설계하고 만들었기 때문이라고 주장한다. 우주 상수에 대한 미세조정은 우연이라고 말하기에는 너무나 정교하게 지성적으로 조율되어 있기 때문이다.

하지만 무신론적 과학자들은 이런 유신론적 주장에 매우 불편함을 느끼게 되었고, 미세조정의 원인이 하나님이라는 점을 회피하고자 했다. 그래서 대안으로 끌어들인 이론이 다중우주 multiverse 이론이다. 호킹은 "다중우주의 개념은 우리를 위해서 우주를 만든 자비로운 창조자를 들먹일 필요도 없이 물리 법칙의 미세조정을 설명할 수 있게 되었다."[81]고 주장한다.

　호킹은 비롯하여 다중우주를 주장하는 과학자들은 이 세상에는 하나의 우주만 존재하는 것이 아니라, 비누 거품처럼 수많은 우주들이 존재하며, 그 많은 우주들에는 각기 다른 우주 상수들이 존재한다고 가정한다. 그 수많은 우주 속에서 우연히 생명체가 살기에 합당한 조건으로 미세 조정된 우리 우주에 생명체가 탄생되었다고 주장한다. 따라서 다중우주는 우주 창조와 미세조정에 하나님을 필요로 하지 않는다고 주장한다. 이것은 확률을 늘림으로써 일어

날 수 없는 사건이 우연히 일어날 수 있는 개연성을 높이는 주장인 것이다.

그렇다면 다중우주에 대한 다른 과학자들의 견해는 어떠한가? 과학을 대중에게 쉽게 전달한 위대한 수학자 마틴 가드너$_{Martin\ Gardner}$는 "우리가 살고 있는 이 우주 외에 또 다른 우주가 존재한다는 증거는 거의 찾아볼 수 없다"고 주장한다. 가드너에 의하면 다중우주 이론들은 "모두 쓸모없는 환상에 불과하다"[82]고 말한다. 또한 저명한 물리학자 폴 데이비스$_{Paul\ Davies}$는 만일 다중우주 이론이 사실이라면, "당신이 지금 이 글을 읽고 있는 순간에 존재하고 있는 우리의 세상이 가상 세계가 아닌 진짜 세계라고 주장할 만한 아무런 근거가 없는 것이다."[83]라고 다중우주 이론을 강하게 비판한다.

또한 영국의 수리물리학자로서 스티븐 호킹과 함께 물리학을 연구했고, 이스라엘의 권위 있는 과학-예술상인 울프상$_{Wolf\ Prize}$을 호킹과 함께 공동 수상한 사람인 로저 펜로저$_{Roger\ Penrose}$는 호킹의 『위대한 설계』에 언급된 '다중우주론'을 매우 반대하면서 다음과 같이 비판하였다. "이러한 관점은 서로 다른 우주들이 동시에 존재한다는 요즘의 사조를 반영한 것이지만, 그것은 분명히 잘못된 것이다. 그 이론에서 각각의 우주들은 독립적으로 존재하지 못한다. 왜냐하면 각 우주가 뚜렷한 경계 없이 중첩되어 나타난 광대한 우주만이 실재로 인식되기 때문이다."[84] 이처럼 펜로저는 다중우주이론이 명확한 과학적 근거 없이 주장되는 것에 학문적이고 실제적인 이유로 명확히 반대하였다.

뿐만 아니라, 저명한 물리학자인 존 폴킹혼(John C.Polkinghorne)은 아예 다중우주 개념 자체를 부인한다. 그는 다음과 같이 주장한다.

"다중우주는 다만 추론일 뿐이다. 엄밀히 따지면 이런 추측들은 물리학이 아니라 형이상학이다. 우주가 여러 개라는 주장은 그것을 믿을 만한 과학적 근거가 전혀 없기 때문이다. 다중우주론에서 말하는 다른 세계는 구체적으로 알 수 없는 세상이다. 차라리 이에 대한 지성적인, 그러면서도 훨씬 더 현실적이고 정확한 설명은 '우리 우주가 이 모습 그대로'라는 것이다. 인간의 과학적 지식은 한계가 있기 때문에, 현재 우리가 인지하는 우주의 모습 그대로가 창조주의 목적과 의지대로 만들어진 세상이라는 것이 훨씬 더 설득력이 있다."[85]

이처럼 과학자들이 다중우주 이론을 비판하는 이유는 과학적 근거가 매우 희박하기 때문이다. 좀 더 적극적으로 말하자면, 지난 2003년 물리학계의 뛰어난 과학자 알빈 보더(Arvind Borde), 알렌 구스(Alan Guth), 그리고 알렉산더 빌렌킨(Alexander Vilenkin)은 그들의 연구를 통하여 '그 어떤 우주도 무한한 과거를 가질 수 없으며, 반드시 유한한 과거의 시간과 공간의 시작점을 가져야만 한다'는 사실을 증명하였다.[86] 이러한 연구 결과는 비록 다중우주가 존재하더라도 그 다중우주 또한 반드시 시작점을 가진다는 사실을 과학적 증거들을 통하여 명확하게 밝히고 있는 것이다. 빌렌킨은 다음과 같이 다시 한 번 명확하게 진술한다.

"논거는 분별력 있는 사람들을 설득시킨다. 그리고 증거는 분별력 없는 사람까지도 설득시킨다. 지금 주어진 증거를 고려할 때, 우주학자들은 더 이상 영원한 과거 우주의 가능성 뒤에 숨을 수 없다. 더 이상 출구가 없다: 그들은 우주 시작점의 문제에 직면해야만 한다."[87]

이러한 과학적 주장에 근거해 볼 때, 다중우주 이론은 다음과 같은 심각한 문제점에 부딪힌다. 첫째, 다중우주 이론을 믿을만한 과학적 근거가 거의 없다는 사실이다. 다중우주론을 뒷받침해 줄 수 있는 과학적 메커니즘을 설명해 줄 이론이 없다. 둘째, 다중우주에 대한 이론적 체계가 없을 뿐만 아니라 과학의 기본 과정인 관측 증거가 없다는 점이다. 다중우주에 대한 관측된 증거가 없기 때문에 이 이론은 소설과 별 다를 바 없다고 해도 과언이 아니다. 셋째, 다중우주 이론이 사실이라고 하더라도 다중우주는 반드시 유한한 과거의 시작점을 가져야만 한다는 점이다. 다중우주는 그 우주의 기원에 있어서 끝없이 무한한 과거를 가질 수 없다. 반드시 우주가 시작된 시작점을 가져야만 한다. 따라서 시작이 있는 우주는 유한하며 유한한 다중우주의 시작점에 대한 합당한 설명이 반드시 요구된다.

이것은 다중우주 또한 그 시작에 있어서 다중우주를 제외한 그 어떤 원인이 필요하다는 것이다. 그 원인은 반드시 시간과 공간을 초월하고 물질을 초월하면서 미세조정을 설계할 수 있는 초월자이며 지적 설계자인 하나님이 반드시 필요하다는 점을 시사해 주는 것이다.

그러므로 다중우주가 다중우주를 창조할 수 없다. 왜냐하면 다중우주도 유한한 시작점이 있기 때문이다. 그 유한한 우주는 그 자체를 제외한 그 어떤 원인이 반드시 있어야만 한다. 유한한 우주의 원인은 시간과 공간 그리고 물질을 초월한 지성적이면서도 우주를 창조하기로 작정한 의지적인 분이어야만 한다. 따라서 그 지성적 원인이 창조주 하나님이라고 주장하는 것은 매우 합당한 것이라고 말할 수 있다.

우주에 대한 과학적 질문과 종교적 질문

잠시 외출했다가 집에 돌아왔다. 집 안에 아주 근사하게 차려진 식탁이 보인다. 촛불이 켜있는 식탁에 품격 있는 스테이크, 화려한 새우 요리, 환상적인 색깔의 샐러드 등 분위기 있고 고급스런 요리가 차려져있다. 멋진 식탁을 보는 순간 당신의 머릿속에 제일 먼저 떠오르는 질문은 무엇인가? "저 요리들은 구체적으로 어떻게 만들었지?"인가? 아니면 "왜 이런 환상적인 식탁이 차려져있지?" "누가 이 식탁을 준비했을까?"인가? 당연히 후자다. 잘 차려진 식탁을 보는 순간 우리는 거의 본능적으로 왜, 누가, 무슨 목적으로 이 식탁을 차렸을까? 라는 질문을 던지게 된다.

현대 우주학자들에 의하면, 우주는 잘 차려진 식탁처럼 아무것도 없는 무無로부터 갑자기 생겨났고, 매우 정교한 질서 속에 존재하고 있다고 한다. 우주를 보고 본능적으로 던지는 질문은 무엇일까? "무슨 재료로 이 우주를 만들었지?" "어떻게 만들었지?"라는 질문인가? 아니면 "왜 이 우주가 존재하는 것일까?" "무슨 목적으로 존재하며, 누가 만들었을까?" 이런 질문인가? 당연히 후자다.

그래서 우주를 이해하는 과학과 종교, 과학과 철학의 질문이 다른 것이다. 과학은 우주가 어떻게 만들어졌으며, 무슨 재료로 만들어졌는가라는 물질적 원인에만 집중한다. 그러나 물질적 원인에만 매달리면 우주 기원에 대한 해답을 발견할 수 없다.

철학자 아리스토텔레스는 네 가지 종류의 원인에 대해 잘 설명하고 있다.[88] 첫째, 물질적 원인이다. 차려진 식탁의 재료가 되는 고기, 새우. 기름, 양념 등의 물질적 재료로 원인을 말한다. 둘째는 형식적 원인이다. 요리 계획서, 레시피, 요리 개념 등이다. 셋째는 행위자 원인이다. 요리사 또는 요리한 아내를 말한다. 넷째는 최후 목적 원인이다. 식탁을 차린 목적, 요리를 한 이유를 가리킨다. 이 네 가지 원인을 모두 고려해야 남편의 생일 파티를 준비한 아내의 의도를 제대로 파악할 수 있다.

그런데 무신론적 과학자들은 식탁의 재료를 생각하는 물질적 원인에만 집착하고 있다. 우주가 '어떤 재료'로 만들어졌으며, '어떻게' 만들어졌는가에 대해서만 집중한다. 그들은 '왜' 이 우주가 만들어졌는가? 우주의 존재 '목적'은 무엇인가? '누가' 만들었는가? 라는 근원적인 질문을 놓치고 있다.

우주(식탁)가 우주(식탁)를 만들어 낼 수 없다. 물질적 원인만으로는 우주 생성의 기적을 설명할 수 없다. 태초에 지혜롭고 인격자인 하나님이 목적을 가지고 우주를 만드셨다고 보는 것이 합당하다.

하나님은 물질인가, 인격인가?

한국의 기독교 안티들은 하나님의 인격성을 부정한다. 그 한 예로 도올 김용옥 교수는 기독교의 하나님은 인격신이 아니라고 주장한다. 그는 『노자와 21세기』에서 신은 비인격체이며 기독교의 인격적인 신관은 거짓이라고 주장한다.[89] 도올은 또한 『요한복음강해』에서 "기독교에 대한 우리의 반감은 지나치게 강조되는 인격성personality에 관한 것이다"[90]라고 말한다. 그는 신을 인격체로 보는 기독교 신관을 우습게 여긴다. 그렇다면 과연 궁극적 실재인 하나님은 물질인가? 아니면 인격체인가? 어느 것이 현상계를 더 잘 설명해 줄 수 있는가?

그 해답은 인격체와 비인격체의 차이점에서 발견할 수 있다. 인격체는 자기 의지와 자기 결정력을 가지고 있다. 이성적인 생각과 사랑을 할 수 있으며, 감정이 있기에 기쁨과 슬픔, 고통이 무엇인지 이해 할 수 있다. 그리고 자신의 감정을 상대방과 나눌 수 있다.

그러나 비인격체는 전혀 다르다. 비인격체인 짐승은 이성적인 사고를 할 수 없으며 본능에 의존해서 산다. 동물은 자의식이 없다. 동물 중에서 '내가 누구인가?' '나는 지금 왜 이렇게 사는가?'라는 생각으로 우울증에 걸려 자살하는 것을 보았는가? 동물은 내가 누구인가를 생각할 수 있는 능력이 없을 뿐 아니라 내가 누구인가를 생각하는 내가 참된 나인가? 아닌가를 생각할 수 없다. 이것은 오직 인격이 있는 인간만이 가능하다.

그런데 동물보다 더 못한 비인격체가 있다. 그것은 생각이 없고, 감정도 없으며, 의사소통이 없고, 아름다움과 선함을 인식할 수 없는 물질이다. 먼지, 흙, 바위, 에너지, 지구, 태양계, 은하계, 우주 등이 모두 다 비인격체이다. 우주의 텅빈 공간의 95% 이상 가득 채우고 있는 것이 암흑 물질과 암흑 에너지라고 한다. 이런 물질체들에게는 자의식이 없고, 도덕성이 없으며, 자유의지가 없고, 감정도 없다.

만일 세상을 만든 창조주 하나님이 비인격체라면 그 신은 피도 눈물도 인정도 사랑도 희망도 완전히 결여된 무인격적인 돌덩어리와 같다. 그런 비인격 신이 인격을 가진 인간에게 무슨 희망을 줄 수 있겠는가?

우리는 누군가가 자신을 이해해 주고 믿어주고 사랑해 주기를 갈망하지 않는가? 우리는 내 이야기를 들어주고, 내 마음을 알아주는 상대를 필요로 한다. 만일 하나님이 물질이라면 이런 근원적인 희망은 전혀 의미가 없다. 그러나 우주를 창조한 하나님은 물질이 아니라 인격적인 분이기에 진정한 사랑이 가능하다.

하나님은 누가 만들었는가?

　무신론적 진화론자 리처드 도킨스는 그의 책 '만들어진 신'에서 다음과 같은 질문으로 기독교 신앙에 도전하였다. "만일 이 세상을 어떤 설계자가 만들어 냈다면, 그 설계자는 과연 누가 만들었는가?" 사실, '하나님은 누가 만들었는가?'라는 질문은 어린 아이로부터 유명한 과학자에 이르기까지 많은 사람들이 궁금해 한다.

　도킨스는 '만약 하나님이 우주를 만들었다면 그 하나님은 누가 만들었는가?' 이 문제에 대한 답을 제시할 수 없기 때문에 기독교의 하나님을 믿을 수 없다고 한다. 기독교는 이 세상을 만드신 창조주 하나님의 존재를 믿으며, 그 하나님은 원래부터 존재하신 분으로 믿는다(출3:14).

그렇다면, 기독교만 원래부터 있었던 궁극적 존재를 믿는가? 그렇지 않다. 무신론자들도 궁극적 존재를 믿는다. 무신론적 진화론자들이 믿는 궁극적 존재는 '물질'이다. 그들은 '물질은 원래부터 존재했고, 지금도 존재하고 있으며, 앞으로도 영원히 존재할 것'이라고 믿는다. 도킨스도 물질과 우주는 원래부터 있었고, 앞으로도 영원히 존재할 것이라고 믿는다. 그 반면에 기독교는 하나님이 원래부터 계셨다고 믿는다. 따라서 무신론자나 기독교인이나, 양쪽 다 원래부터 존재한 궁극적 존재가 있음을 믿고 있다.

이제 도킨스의 질문을 되돌려 보자. '우주는 누가 만들었는가?' '우주를 만든 그 물질은 또 누가 만들었는가?' '극도로 정밀하게 조정된 시스템을 이루고 있는 우주는 과연 누가 만들었는가?' 이 질문에 대하여 도킨스를 비롯한 무신론자들은 제대로 된 대답을 내놓지 못하고 있다. 현대 우주론에 의하면 우주는 시작과 끝이 있다. 우주는 인간이 부모로부터 태어나듯이, 태어난 시점이 있고, 인간이 그 생을 다하고 죽음을 맞이하듯이 우주도 죽음을 맞이하게 된다. 이것이 열역학 제2법칙이 우리에게 알려주고 있는 과학적 진실이다.

따라서 우주는 궁극적 존재가 될 수 없다. 시작과 끝이 있는 우주는 누군가에 의해서 만들어졌다. 그 유한한 우주를 만든 존재는 반드시 우주를 만들 수 있는 지성이 있고, 의지가 있으며 능력이 있는 분이어야만 한다. 그러한 원인이 이 세상의 궁극적 존재인 것이다.

만약 물질이 세상의 근원이요 모든 것의 바닥이라고 상상해 보라. 물질체인 우주는 생각이 없고, 지성이 없으며, 의지와 인격이 없는 비인격적인 존재이다. 또한 우주는 단순한 물질체인 수많은 양성자, 중성자 그리고 전자들로만 구성되어 있다. 이러한 물질적 세계관에 의하면 이 세상은 우연히 만들어졌으며, 모든 것은 단순히 생성되었다가 소멸될 뿐이다. 이런 기계적 세계관에서는 우리가 항상 경험하는 인격적 교제를 설명할 수 없고, 세상의 아름다움과 희망, 사랑, 그리고 기쁨 등을 기대 할 수 없다.

그러나 기독교 세계관은 다르다. 만약 인격적인 하나님이 우주의 궁극적 존재라고 가정한다면, 그 하나님은 우주를 만들 수 있는 지성이 있으며, 그분은 세상을 향한 의도와 목적, 그리고 사랑을 가고 계신다. 이 세상은 인격체인 하나님에 의해서 그 분의 목적대로 창조되었다. 따라서 피조물인 인간은 인생의 의미와 목적을 추구할 수 있고, 희망과 사랑, 정의와 아름다움 등의 가치를 기대하고 실현하며 살 수 있다. 하나님을 궁극적 존재로 믿는 기독교 세계관에서는 사랑하는 삶이 가능하다.

물질이 세상의 근원이라고 한다면, 사랑과 의미를 추구하는 삶의 토대를 알려 줄 수 없다. 그러나 인격체인 하나님을 근원으로 믿는다면, 자녀를 향한 어머니의 사랑, 연인끼리 누리는 달콤한 사랑, 의로운 삶을 위한 희생적 헌신이 가능하며 의미 있는 삶이 실현될 수 있다.

물질이 원래부터 있었는가? 아니면 하나님이 원래부터 존재했는가? 이 질문은, 이 세상을 냉랭한 돌덩이로 볼 것인가? 아니면 의미와 목적을 추구하는 아름다운 인격의 장場으로 볼 것인가? 어느 쪽이 현실 세계를 좀 더 잘 설명할 수 있는지 그 차이를 우리에게 확연히 알려주고 있다.

주

1. 연합뉴스 인터넷 판, "기독교 신성모독 두테르테 '신 존재 입증하면 대통령직 사임'" 입력 2018. 07.08. 11:55
2. 하나님 존재에 대한 유신론적 논증 중에서 '우주론적 논증'은 윌리엄 레인 크레이그_{William Lane Craig}가 가장 탁월하다. 그의 책, *Reasonable Faith* (Wheaton: Crossway, 2008), pp.93-156을 참조하라. 한국인 저술로는 필자의 책(공저),『기독교 지성으로 이해하라』(서울: 도서출판 누가, 2006), pp54-86을 참조하라. 본 저술은 기독교 지성으로 이해하라의 논점들을 보다 더 쉽게 이해하도록 노력하였다.
3. 리처드 도킨스,『만들어진 신』(서울: 김영사, 2007), 188.
4. 빅뱅_{Big Bang} 이론은 현대 우주론에 있어서 현재 가장 많은 과학자들에 의해서 인정을 받고 있는 과학 이론이다. 빅뱅 이론을 진리로 받아들일 수는 없다. 하지만, 현재까지 발견한 우주 과학 지식을 통해 볼 때, 빅뱅은 가장 유력한 이론들 중에 하나임에는 틀림이 없다. 빅뱅 이론의 가장 큰 장점은 '우주는 시작이 있다'는 것이다. 이 시작을 누가 일으켰는가에 대한 논란이 있지만 우주를 만든 지성적인 하나님 외에 다른 원인은 우주의 광대함과 복잡성을 설명하기엔 너무나 부족하다고 말할 수 있다. 다시 말해, 비록 빅뱅 이론은 진리는 아니지만, 현재까지 알려진 과학 지식을 통해 볼 때, 우주의 시작이 있다는 것과 그 시작은 지성적인 하나님에 의한 것임을 강력하게 시사해 준다는 점에서 기독교 창조 신앙과 양립할 수 있다

고 볼 수 있다.
5. Hawking and Penrose, *Nature of Space and Time*, 20. Paul Copan & William Lane Craig, *Creation out of Nothing: A Biblical, Philosophical, and Scientific Exploration* (Grand Rapids: Baker Academic, 2004), 235 재인용.
6. 열역학 제2법칙은 우주의 시작이 있다는 것에 대한 강력한 증거가 된다. 그와 동시에 열역학 제2법칙은 우주의 종말이 있다는 증거도 보여 준다. 따라서 이 법칙은 우주의 시작과 종말을 알려주는 확실한 과학 법칙이다.
7. Paul Davies, "The Big Bang-and Before" (paper presented at the Thomas Aquinas College Lecture Series, Thomas Aquinas Collage, Santa Paula, Calif., Mar 2002). Paul Copan & William Lane Craig, Creation out of Nothing, 244 재인용.
8. Paul Copan & William Lane Craig, *Creation out of Nothing*, 235 재인용.
9. John Barrow and Frank Tipler, *The Anthropic Cosmological Principle* (Oxford: Claredon, 1986), 442.
10. 짐 홀트,『세상은 왜 존재하는가』우진하 역 (서울: 21세기북스, 2013), 267.
11. 닐 디그래스 타이슨, 도널드 골드스미스,『오리진: 140억 년의 우주 진화』곽영직 역(서울: 지호출판사, 2005), 43-44.
12. www.reasonablefaith.org에서 William Lane Craig 교수는 "Leibniz' Contingency Argument"라는 영상을 통해 '우주의 기원'에 대한 설명이 필요하다는 사실을 자세히 알려주고 있다.
13. Norman L. Geisler, *Baker Encyclopedia of Christian Apologetics* (Grand Rapid: Baker Books, 1999), 253.
14. Antony Flew and Gary Habermas, "My Pilgrimage from Atheism to Theism: A Discussion between Antony Flew and Gary Habermas" In *Philosophia Christi.*, vol 6, no 2, (2004):197-211.

15. 위의 책, 200.
16. Paul C. Davies, *The Accidental Universe* (Cambridge: Cambridge University Press, 1982), 90.
17. 박담회, 박명룡,『기독교 지성으로 이해하라』(서울: 도서출판 누가, 2006), 97.
18. 위의 책, 98-99.
19. 위의 책, 100-104, 참조.
20. 마이클 베히,『다윈의 블랙박스』(서울: 풀빛, 2001), 김창환 외 다수 역, 68.
21. 위의 책, 106-110.
22. 박담회, 박명룡,『기독교 지성으로 이해하라』, 104-106.
23. 더글라스 그로타이스,『기독교 변증학』(서울: CLC, 2015), 464-475를 참조하라.
24. 위의 책, 476.
25. Stephen C. Meyer, "Word Games: DNA, Design, and Intelligence" in *Signs of Intelligence*, 108.
26. 리처드 도킨스,『눈먼 시계공』(서울: 사이언스 북스, 2004), 46, 198.
27. 스티븐 C. 마이어,『세포 속의 시그니처』(성남: 겨울나무, 2014), 395.
28. 리처드 도킨스,『눈먼 시계공』, 198.
29. 스티븐 C. 마이어,『세포 속의 시그니처』, 373-400. 제15장, '최선의 설명' 부분을 자세히 보라.
30. 위의 책, 393-395.
31. 프랜시스 S. 콜린스,『신의 언어』, 이창신 역 (서울: 김영사, 2011), 219.
32. William Lane Craig, *God, Are You There?* (Norcross: RZIM, 1999), 35. 본장에서 논의 하고 있는 도덕론적 하나님 존재 증명은, 윌리엄 레인 크레그 박사의 논지를 중심으로 전개해 나간다. 또한 본장의 내용은 '박담회, 박명룡, 기독교 지성으로 이해하라, 125-146을 참조하였다.
33. Michael Ruse, "Evolutionary Theory and Christian Ethics" in *The Darwinian Paradigm* (London: Routledge, 1989), 262-269.

34. Science 277(1997): 882; Michael J. Behe, "Darwin's Breakdown" in *Signs of Intelligence*, ed. William A. Dembski and James M. Kushiner (Grand Rapids: Brazon Press, 2001), 92. 재인용.
35. C. S. 루이스, 『순전한 기독교』, 장경철, 이종태 역 (서울: 홍성사, 2001), 40.
36. 위의 책.
37. Kai Nielsen, "Why Should I be Moral? Revisited," *American Philosophical Quarterly 21* (January 1984), 90.
38. 박담회, 박명룡, 『기독교 지성으로 이해하라』, 127-132를 참조하라.
39. 제임스 사이어, 『기독교 세계관과 현대 사상』, 김헌수 역 (서울: IVP, 1995), 90.
40. Paul Copan, "A Moral Argument" in *To Everyone An Answer: A Case For The Christian Worldview*, ed. Francis J. Beckwith, William Lane Craig, and J. P. Moreland (Downers Grove: Inter Varsity Press, 2004), 113.
41. 박담회, 박명룡, 『기독교 지성으로 이해하라』 (서울: 도서출판 누가, 2006), 37-39.
42. J. P. Moreland and William Lane Craig, *Philosophical Foundation For a Christian Worldview* (Downers Grove: InterVarsity Press, 2003), 501-502.
43. Norman Geisler, "How can There Be Three Persons In One God?" in *Who Made God?* ed. Ravi Zacharias and Norman Geisler (Grand Rapids: Zondervan, 2003), 29.
44. J. P. Moreland and William Lane Craig, *Philosophical Foundation For a Christian Worldview*, 594.
45. 박담회, 박명룡, 『기독교 지성으로 이해하라』, 151-167. 참조. '하나님이 존재하는 것이 나와 무슨 상관이 있나요?'라는 질문에 대한 자세한 답변은 필자의 책, '기독교 지성으로 이해하라'의 제 4장을 자세히 참조하라.
46. William Lane Craig, *God, Are you There?* (Norcross: RZIM, 1999), 4.
47. 위의 책, 5.
48. D. 제임스 케네디, 『논리적으로 예수 전하기』, 오현미 역 (서울: 진흥, 2000), 213.

49. 리 스트로벨, 『특종! 믿음 사건』 윤종석 역 (서울: 두란노, 2001), 194.
50. 래비 재커라이어스, 노먼 가이슬러, 『하나님을 누가 만들었을까?』 박세혁 역 (서울: 사랑플러스, 2009), 36.
51. 리 스트로벨, 『특종! 믿음 사건』 윤종석 역 (서울: 두란노, 2001), 18-20.
52. 이 논증은 미국 LA에 소재한 Talbot School of Theology에서 종교 철학과 교수로 재직 중인, Dr. Douglas Geivett 교수가 즐겨 사용하는 방법이다.
53. J. P. 모어랜드 & W. L. 크레이그, 『기독교 철학』 이경직 & 이성흠 역 (서울: CLC, 2013), 256.
54. J. P. Moreland, *Love Your God with Your Mind* (Colorado Springs: NavPress, 1997), 68-70.
55. J. P. Moreland & William Lane Craig, *Philosophical Foundations for a Christian Worldview* (Downer Grove: InterVarsity Press, 2003), 229.
56. J. P. Moreland, *What Is The Soul: Recovering Human Personhood in a Scientific Age* (Norcross: RZIM, 2002), 9-10.
57. 서울신문 기사, 2011년 5월 17일
58. 여기에 대한 자세한 정보는 J. P. Moreland, *What Is The Soul?* 9-20을 참조하라.
59. J. P. Moreland, *Scaling the Secular City: A Defense of Christianity*. (Grand Rapids: Baker Book, 1987), 88.
60. 리 스트로벨, 『창조 설계의 비밀』 (서울: 두란노, 2005), 306
61. Paul Copan, "Human Nature and the Serch for God", 163.
62. Colin McGinn, *The Mysterious Flame: consciousness Minds in a Material World* (New York: Basic Books, 1999). Paul Copan, "Human Nature and the Serch for God", 164. 재인용.
63. 리 스트로벨, 『창조 설계의 비밀』 302.
64. Thomas Nagel, *Mind & Cosmos: Why the Materialist Neo-Darwinian*

Conception of Nature Is Almost Certainly False (New York: Oxford University Press, 2012).
65. 리 스트로벨, 『창조 설계의 비밀』 330.
66. Gary R. Habermas & J. P. Moreland, *Beyond Death: Exploring the Evidence for Immortality* (Wheaton: Crossway Books, 1998), 173.
67. 위의 책, 159.
68. EBS 다큐 프라임, Death 2부 "영원한 삶 사후세계" 방송에서 인용.
69. "외과 의사 샘 파니아와 런던 소재 정신의학연구소의 신경정신과 의사 피터 펜위크는 저널에 실린 글에서 임상적으로 사망한 것으로 선언되었다가 나중에 소생해 인터뷰를 한 63명의 심장발작 환자들에 관한 연구 내용을 설명했다. 10퍼센트 정도는 두뇌가 멈춘 동안에도 기억형성이나 추론을 포함한 조직적이고 명료한 사고 작용이 있었다고 밝혔다. 산소 부족이나 약물의 영향-회의론자들이 제기하는 흔한 반대 이유-들은 요인에서 배제되었다. 연구자들은 나중에 이와 유사한 사례를 많이 발견했다." 리 스트로벨, 창조 설계의 비밀, 306. Sam Parnia, "Near Death Experience in Cardiac Arrest and the Mystery of Consciousness," 또 다른 자료는 다음과 같다. Raymond A. Moody, Jr. *Life After Life* (Atlanta: Mockingbird Books, 1975); Michael B. Sabom, *Recollections of Death: A Medical Investigation* (New York: Harper & Row, 1982).
70. 서울신문 기사, 2011년 5월 17일
71. J. P. Moreland, *Lost Virtue of Happiness* (Colorado Springs: NavPress, 2006), 21-22.
72. 스티븐 호킹, 레오나르드 믈로디노프, 『위대한 설계』, 전대호 역 (서울: 까치, 2010), 203.
73. Paul C. Davies, *The Accidental Universe* (Cambridge: Cambridge University Press, 1982), 90. 찰스 콜슨, 그리스도인, 이제 어떻게 살것인가? 정영만 역, (서울: 요단출판사, 2002), 108. 재인용

74. 스티븐 호킹, 레오나르드 플로디노프, 『위대한 설계』, 227-228.
75. Paul Copan & William Lane Craig, *Creation out of Nothing*, 235 재인용.
76. 스티븐 호킹, 레오나르드 플로디노프, 『위대한 설계』, 227.
77. 존 C. 레녹스, 『빅뱅인가 창조인가』, 원수영 역 (서울: 프리윌출판사, 2013), 78.
78. Guillermo Gonzalez & Jay W. Richards, *The Privileged Planet* (Washington DC: Regnery Publishing, Inc., 2004), 2-19.
79. Hugh Ross, *The Creation and The Cosmos* (Colorado Springs: NavPress, 2001), 187-193.
80. 스티븐 호킹, 『위대한 설계』, 205.
81. 위의 책, 208.
82. 짐 홀트, 『세상은 왜 존재하는가』, 302.
83. 위의 책, 308.
84. 존 C. 레녹스, 『빅뱅인가 창조인가』, 91.
85. 위의 책, 91-92.
86. William Lane Craig, *On Guard* (Wheaton: David C Cook, 2010), 92.
87. Alexander Vilenkin, *Many Worlds in One* (New York: Hill and Wang, 2006), 176. William Lane Craig, On Guard, p. 92에서 재인용.
88. 존 C. 레녹스, 『빅뱅인가 창조인가』, 68.
89. 김용옥, 『노자와 21세기[1]』 (서울: 통나무, 2003), 262.
90. 김용옥, 『요한복음 강해』 (서울: 통나무, 2007), 304.